Sylvia Englert
So lektorieren Sie Ihre Texte

AF550750

Sylvia Englert

So lektorieren Sie Ihre Texte

Verbessern durch Überarbeiten

SCHRITT FÜR SCHRITT
VON DER ERSTFASSUNG
ZUM FERTIGEN MANUSKRIPT

Autorenhaus

Bitte besuchen Sie www.autorenhaus.de

Bibliografische Information der Deutschen Bibliothek
Die Deutsche Bibliothek verzeichnet diese Publikation in der Deutschen Nationalbibliografie; detaillierte bibliografische Daten sind im Internet unter http://www.dnb.ddb.de abrufbar.

Dieses Werk wurde vermittelt durch die
Autoren- und Projektagentur Gerd F. Rumler (München)

Buchdesign: Sigrun Bonold
Coverillustration: Istock

© 2013/2016 Autorenhaus Verlag GmbH, Berlin
ISBN 978-3-86671-105-1
Nachdruck, auch auszugsweise, nur mit schriftlicher Genehmigung des Verlags, die Verwendung in anderen Medien oder in Seminaren, Vorträgen etc. ist verboten.
Umwelthinweis: Dieses Buch wurde auf
chlor- und säurefreiem Papier gedruckt.
Druck und Bindung: CPI books GmbH, Leck
Printed in Germany

Inhalt

SCHRITT 3 – ÜBERARBEITEN NACH FEEDBACK

Einleitung

In tage- und nächtelanger Arbeit haben Sie Ihre Geschichte, Ihr Sachbuch oder Ihren Artikel geschrieben, und jetzt endlich ist das Manuskript fertig. Glückwunsch! Auf diese Leistung dürfen Sie stolz sein. Aber Sie wissen selbstverständlich, dass kein Manuskript auf Anhieb perfekt ist. Vermutlich haben Sie keine besondere Lust, es zu überarbeiten – so geht es mir jedenfalls – aber vielleicht spüren Sie schon, dass Sie noch etwas daran machen sollten. Wahrscheinlich wissen Sie nicht genau, was. Sie wissen nur, dass es gut werden soll, damit Ihre Leser begeistert sind. Wer möchte schon lauwarme Reaktionen?

In dieser Situation ist es unheimlich praktisch, wenn man einen Verlag hat und das ganze Ding dem Lektor in die Mailbox schaufeln kann. Der Lektor oder die Lektorin wirft einen geschulten Blick darauf, legt alle fünf oder sogar zehn Finger in die verschiedenen Wunden und hilft anschließend beim Verarzten. Ja, das wäre so praktisch. Aber was ist, wenn Sie noch keinen Verlag für das Projekt haben (und ohne die nötige Überarbeitung auch keinen finden)? Wenn Sie Ihr Buch als Self-Publisher unter die Leute bringen möchten? Oder wenn es Ihnen peinlich ist, der Lektorin ein unausgereiftes Werk zu schicken? Dann hilft Ihnen dieses Buch.

Vielleicht werden Sie es jedes Mal aus dem Regal holen oder auf Ihrem Reader aufrufen, wenn Sie eine Geschichte oder ein Sachbuch fertig haben. Mit Hilfe der verschiedenen Schritte und Checklisten können Sie Ihr Projekt daraufhin abklopfen, ob noch etwas daran hohl klingt, bis Sie schließlich einen soliden und geschliffenen Text haben. Einen, den Sie guten Gewissens an Verlage und Agenten schicken oder direkt unter die Leute bringen können, ohne in Rezensionen abgestraft zu werden. Obwohl Lektoren nach wie vor wichtig sind und dieses

Buch sie keinesfalls überflüssig macht, kann man seinen Text (mit Hilfe von Testlesern) bis zu einem gewissen Punkt auch selbst lektorieren. In den nächsten Kapiteln erfahren Sie, wie das geht. Wenn anschließend noch ein richtiger, erfahrener Lektor einen Blick auf Ihr Manuskript wirft, umso besser, aber Sie sind nicht mehr davon abhängig.

In dieses Buch fließt meine ganze Erfahrung als Berufsautorin ein. Ich schreibe schon seit meiner Kindheit, doch bis mein erstes Buch veröffentlicht wurde, musste ich bis 1996 warten (da war ich 26 und studierte noch). Später habe ich beim Campus Verlag ein Volontariat im Lektorat absolviert und einige Jahre lang als Journalistin gearbeitet. Seit 2006 kann ich vom Bücherschreiben leben. Inzwischen habe ich einen Roman für Erwachsene (als Siri Lindberg) veröffentlicht, außerdem viele Jugendromane (unter dem Pseudonym Katja Brandis) und zahlreiche Kinderbücher. Bislang habe ich – Stand Juni 2013 – 46 eigene Bücher im Regal, plus ein paar weniger wichtige Werke unter Pseudonym, die ich nicht mitzähle.

Was bedeutet, dass ich schon sehr viele Manuskripte überarbeitet habe. Meist mit Hilfe von Lektoren und Lektorinnen, obgleich ich mich nie völlig auf diese Unterstützung verlassen habe. Denn obwohl ich schon hervorragende Sparringspartner in Verlagen hatte und ihnen sehr dankbar bin, gibt es nun mal auch weniger gute Lektoren, die ein Buch fast in dem Zustand durchwinken, in dem es geschrieben wurde. Um die Qualität meiner Bücher nicht von der Qualität des Lektors abhängig zu machen, habe ich mir angewöhnt, meine Manuskripte systematisch zu überarbeiten. Davon profitieren auch die Verlage, denn meine Lektoren und Lektorinnen finden es angenehm, dass meine Manuskripte schon in einem sehr guten Zustand sind, wenn sie sie bekommen.

So, jetzt aber zurück zu Ihnen und Ihrem Werk. Sie werden es in drei Schritten genauer unter die Lupe nehmen – erst einmal sollten Sie grundsätzliche Dinge wie Struktur, Plot und Figuren überprüfen, denn die müssen funktionieren. Im zweiten Schritt, dem Schliff, geht es hauptsächlich um Stil, Sprache und Fakten. Der dritte Schritt ist, sich Meinungen von Testlesern zu holen, denn nur so bekommen Sie mit, wie andere Menschen auf Ihr Projekt reagieren. Wenn Sie deren Anregungen eingearbeitet haben, ist Ihr Manuskript vorzeigbar und bereit, ein Buch zu werden.

Viel Erfolg wünscht Ihnen
Sylvia Englert

Die drei wichtigsten Tipps für Selbstlektoren

Verschaffen Sie sich Abstand
Es ist nicht leicht, das eigene Manuskript zu beurteilen. Wenn man einen Text gerade fertig hat, ist man ihm gegenüber hoffnungslos betriebsblind. Deshalb ist es besser, Sie lassen ihn erst einmal vier Wochen oder sogar länger liegen – und lesen ihn dann noch einmal kritisch durch. Jetzt haben Sie Abstand gewonnen und sehen Ihr Projekt im besten Fall mit dem Blick eines Fremden. Falls Sie nicht die nötige Zeit haben, Ihr Manuskript reifen zu lassen, können Sie sich den eigenen Text von jemandem vorlesen lassen.

Hören Sie auf Ihr Bauchgefühl
Wenn Sie viel lesen, haben Sie, fast ohne es zu merken, ein Gefühl für gute Romane oder Sachbücher gewonnen. Dieses Bauchgefühl, das mit zunehmender Schreiberfahrung wächst, sagt Ihnen, wenn an Ihrem Projekt etwas nicht stimmt. Das kann sich in heftigen Bedenken äußern, aber auch in einem leichten seelischen Unwohlsein. Nehmen Sie dieses Bauchgefühl ernst, lauschen Sie in sich hinein und versuchen Sie (auch mit Hilfe dieses Buchs), den Ursachen Ihres mulmigen Gefühls auf die Schliche zu kommen. Die Devise lautet: Zweifel nicht verdrängen, sondern nutzen!

Gehen Sie keine faulen Kompromisse ein
Überarbeiten ist lästig und mühsam. Aber geben Sie Ihr Projekt erst raus, wenn Sie selbst damit *richtig, richtig* zufrieden und der Meinung

sind, dass Ihr Text an die Öffentlichkeit gehört und nicht in ein Tagebuch. Als Self-Publisher sollten Sie einen Korrektor die Rechtschreibung prüfen lassen. Ihre Leser werden es Ihnen danken, denn an schlampig gemachten Büchern hat niemand Spaß und weitere Werke von Ihnen werden sich nur schwer verkaufen lassen.

Wenn Sie ein absoluter Perfektionist sind, der nie zufrieden ist mit sich und seinen Arbeitsresultaten, dann sollte ein guter Freund oder eine Freundin Ihnen zureden, Ihr Manuskript langsam mal loszulassen!

Schritt 1 – Struktur

»Im Umschreiben liegt die wahre Kunst des Schreibens.«
Sol Stein

Roman, Erzählung, Kurzgeschichte

»Die erste Fassung ist immer Mist.«
Ernest Hemingway

Sind Ihre Figuren überzeugend?

»Liebe deine Figuren. Damit eine Figur echt wird, muss es auf dieser Welt wenigstens einen Menschen geben, der imstande ist, sie zu lieben und zu verstehen, auch wenn er sie oder ihre Handlungen nicht akzeptiert. DU bist der Vater der Figuren, die du erschaffst. Wenn du sie nicht lieben kannst, kann es keiner.«

Etgar Keret

Gut gezeichnete Figuren machen eine Geschichte glaubwürdig und spannend, während platte, klischeehafte oder uninteressante Figuren Leser dazu bringen, das Buch wegzulegen. Deswegen werfen wir jetzt einen genaueren Blick auf Ihre Haupt- und Nebenfiguren.

Haben die Figuren genug Tiefe?

Lieben Sie Ihre Hauptfiguren heiß und innig? Wenn ja, gut! Man spürt es beim Lesen, wenn Sie mit Leib und Seele dabei waren. Wenn die (von Ihnen selbst erfundenen, nicht aus anderen Büchern abgeschauten) Figuren zuerst da waren und sich die Geschichte aus ihnen entwickelt hat, mache ich mir um Ihre Figuren kaum noch Sorgen. Kritischer wird es, wenn Sie einen bestimmten Plot umsetzen wollten und dazu die passenden Figuren erfunden haben. Dann lesen Sie dieses Kapitel besonders aufmerksam, um sicherzugehen, dass sich in Ihrem Roman keine Abziehbilder statt Menschen finden.

Grundsätzlich gilt: Je mehr Eigenschaften, Eigenheiten, Umfeld und Vorgeschichte Sie einer Figur gegeben haben, desto besser. Dann akzeptieren Ihre Leser sie als »echt« und vergessen im Idealfall beinahe, dass sie es mit einer literarischen Figur zu tun haben und nicht mit einem wirklich existierenden Menschen.

Prüfen wir, ob Sie sich genug mit Ihren Figuren beschäftigt haben. Haben Sie sich schon Folgendes überlegt:

- Welche Probleme hatte Ihre Hauptfigur in der Kindheit?
- Welches Verhältnis hat sie zu ihren Eltern und Geschwistern?
- Welche Gerichte hasst sie?
- Glaubt sie an Gott oder ein anderes höheres Wesen?
- Welche (miesen) Kompromisse musste sie in ihrem Leben eingehen?
- Wenn man Ihre Hauptfigur mit dreihundert Euro (oder zehn Goldstücken, wenn Sie Fantasy schreiben) losschicken würde, was würde sie kaufen?
- Wenn man sie in eine Talkshow (bei Fantasy Druidenrunde oder sowas) einladen würde, würde sie hingehen?
- Musste sie schon mal eine Mutprobe bestehen?
- Wofür schämt sie sich?
- Was war der beste Tag ihres bisherigen Lebens?
- Wodurch hat sie mal einen Freund gewonnen (oder verloren)?
- Was bewahrt Ihre Hauptfigur unter ihrem Bett auf?
- Welches Geheimnis hat sie?
- Wenn sie eine Spinne im Wohnzimmer findet, geht es der Spinne an den Kragen oder wird sie behutsam nach draußen getragen?

Wenn Sie sich solche Dinge noch nicht überlegt und Schwierigkeiten haben, sie spontan zu beantworten, dann hat Ihre Figur möglicherweise noch nicht genug Tiefe.

Tipp: *Natürlich funktioniert diese Liste nur beim ersten Mal, danach kennen Sie die Fragen ja schon und werden sie bei der nächsten Charakterisierung gleich einbeziehen. Bitten Sie beim nächsten Mal eine Freundin oder einen Freund, Ihnen weitere Fragen zu stellen – und Sie dabei richtig in die Enge zu treiben! Am besten schlüpfen Sie dabei in die Rolle Ihrer Figur und antworten aus der Ich-Perspektive (das nenne ich »ein Figuren-Interview führen«).*

Die gute Nachricht ist, Sie können Figuren auch nachcharakterisieren. Gehen Sie Ihre Figurenbeschreibungen durch und markieren Sie, was davon nicht ins Manuskript eingeflossen ist (man vergisst immer ein paar Punkte). Dann denken Sie sich noch einige neue Eigenheiten aus und gehen das Manuskript gezielt daraufhin durch, wo Sie diese Dinge noch einbauen könnten. Manchmal lohnen sich sogar neue Szenen, um Ihre Figur richtig zur Geltung zu bringen und ihre Vergangenheit, Träume und Macken richtig auszuleuchten.

Auf Ihre Nebenfiguren sollten Sie ebenfalls einen kritischen Blick werfen. Aus denen kann man eine Menge rausholen, so dass Ihre Leser Spaß an ihnen haben. So macht es zum Beispiel Jakob Arjouni in seinem Krimi *Mehr Bier:* Der Anwalt Anastas, der dem Privatdetektiv Kemal Kayankaya seinen neuesten Auftrag erteilt, ist eine solche Zumutung, dass der viel zu früh aufgestandene und dementsprechend gelaunte Kayankaya überlegt, ob er nicht einfach gehen soll.

> Dem kleinen Anwalt machte Essen Spaß. Er angelte mit der Zunge nach Käsefäden, die sich in seinem Gesicht verloren hatten, und mampfte das fettige Weißbrot. Dazu schlürfte er schwarzen Kaffee. Die halbe Tomate, die ihm von der Gabel fiel, lutschte er von der Krawatte weg. Als er fragte, ob es mir schmecken würde, schob ich den Rest Toast beiseite und rauchte. Carla Reedermann knabberte an ihren Muscheln. Ich fragte mich, was sie mit dem kleinen schmatzenden Anastas zu tun hatte.

Der Dialog zwischen den beiden ist dementsprechend gepfeffert und viel interessanter, als wenn der Anwalt ein nichtssagender Anzugträger gewesen wäre.

Gehen Sie Ihr Manuskript Seite für Seite durch. Haben Sie irgendwo noch eine oberflächliche, langweilige Nebenfigur, die eine Pappschablone mit Funktion ist? Machen Sie daraus einen schrulligen, feindseligen, peinlichen, rührend fürsorglichen Menschen, und schon ist Ihr Manuskript ein wenig besser geworden. Aber Achtung, basteln Sie keine großen Szenen mit dieser Figur rein, wenn Sie sie sowieso nur einmal brauchen und umgehend wieder ausrangieren. Sonst bekommt sie mehr Gewicht, als ihr zusteht, und man ist irritiert, wenn sie später nicht mehr auftaucht.

Jetzt geht es um Ihre Umsetzung dieser Charakterisierung:

- Passt das, was Ihre Figuren sagen, und die Art, wie sie handeln, zu ihrer Persönlichkeit? Am wichtigsten ist das bei Hauptfiguren, schauen Sie sich dafür noch einmal jede einzelne Szene an. Ist es glaubwürdig, wie Ihre Hauptfigur reagiert, passt es zu ihr oder ihm? Bei Nebenfiguren gebe ich gewöhnlich in der »Suchen«-Funktion von Word den Namen ein, lasse mir jede Stelle heraussuchen, an der diese Figur vorkommt, und überfliege besonders die Dialoge. Stimmt die Sprechweise mit der überein, die ich dieser Figur gegeben habe? Das wiederhole ich nacheinander bei allen Nebenfiguren.
- Werden in Ihrem Manuskript alle Figuren (bis auf die unwichtigen) äußerlich so beschrieben, dass man ein Bild von ihnen bekommt?

Als Nächstes ist der Klischeetest dran:

- Kaufen Ihre weiblichen Hauptfiguren gerne Schuhe (am liebsten mit High Heels)?
- Ist die männliche Hauptfigur ein dunkelhaariger, hochgewachsener, geheimnisvoller und leicht arroganter Typ?
- Ist Ihre Hauptfigur ein geschiedener Journalist und Alkoholiker?
- Ist Ihre Hauptfigur ein geschiedener Kommissar und Alkoholiker?
- Ist Ihre Hauptfigur eine junge, schicke Journalistin, die eine Kolumne für eine Zeitschrift/Zeitung schreibt?
- Trägt die Hexe in Ihrer Geschichte einen spitzen Hut und ziert ihre Nase eine Warze?
- Haben Ihre Monster Nasen, von denen der Schleim trieft (selbst wenn sie gerade nicht erkältet sind)?

Wollen Sie diese abgenudelten Standard-Figuren wirklich drin lassen?

Die hier aufgezählten Figuren sind nur eine kleine Auswahl aus der großen, weiten Welt der Stereotypen. Es gibt leider unzählige, vermutlich deshalb, weil sie einen wahren Kern haben. Man trifft immer wieder Menschen, die dem Klischee perfekt entsprechen. Dennoch kann man solche Figuren in Romanen nicht verwenden, ohne hämische Kritik dafür zu ernten – das Leben im Roman muss sozusagen echter sein als echt. So sollten Sie vorgehen:

1. Fragen Sie sich bei *jeder einzelnen* Ihrer Figuren: Ist diese Figur klischeehaft?
2. Wenn Sie eine Klischee-Figur finden, keine Panik – arbeiten Sie einfach weiter an der Figur und geben Sie ihr ein paar untypische, überraschende Eigenschaften!
3. Sie können auch mit dem Klischee spielen und es auf die Schippe nehmen, indem Sie es absichtlich übertreiben (so etwas funktioniert nicht immer, und nur in witzigen Romanen) oder in sein Gegenteil verkehren.

Oder schreiben Sie einen Liebesroman, der absichtlich nicht viel Tiefgang haben soll? Dann kann es sein, dass Ihre Leser und Leserinnen Klischees gewöhnt sind und den Roman gerade ihretwegen lesen (das gilt zum Beispiel für den dunklen, geheimnisvollen und leicht arroganten Fremden). In diesem Fall sollten Sie Ihren Lesern den Spaß nicht verderben und das Klischee drin lassen. Aber nur dann.

Zu gute und zu böse Figuren

In meinem Roman *Gepardensommer* ist die männliche Hauptperson Erik, der Sohn eines Farmers in Namibia. Ich fand ihn toll, er sah aus wie eine jugendliche Version von Robert Redford und war ein kerniger Typ. Als mein Mann einen Blick ins Manuskript warf, sagte er sofort: »Nee, der ist viel zu gut. Was für schlechte Eigenschaften hat er eigentlich?« Nicht sonderlich viele, musste ich zugeben, und das war genau das Problem. Erik war zu gut – und damit langweilig. Als ich ihm eine dunkle Seite andichtete, wurde er sofort interessanter und »echter«. Gerade bei Figuren, die einen selbst begeistern oder die man im Roman als Lichtgestalt einsetzen will, ist man oft zu unkritisch. Das geht nicht nur mir, sondern auch anderen Autoren so, wie ich als deren Testleserin manchmal feststelle – und dann bin ich es, die mit dem »Zu-gut«-Argument ankommt. »So ist zum Beispiel Alex aus den *Lola*-Büchern dank deiner Anregungen extrem unordentlich oder schnauzt an einer Stelle ziemlich grob seinen Bruder an, als der ihn nervt«, erzählt meine Freundin und Kollegin Isabel Abedi. »Das ist zu seiner verständnisvollen und liebevollen Seite Lola gegenüber ein wichtiges Gegengewicht.«

Geben Sie Ihren Hauptfiguren unbedingt Schwächen, Ängste (gerne auch peinliche), Macken, Abgründe und unschöne Geheimnisse. Das fällt manchmal nicht leicht, ist aber wichtig, um eine authentische Figur zu erschaffen. Haben Sie keine Angst, Ihre Figur dadurch »kaputtzumachen« – Sie werden sehen, gerade ihre Schwächen machen sie menschlich.

Das gleiche Problem kann es bei den Gegenspielern der Hauptfigur geben, also den »Bösen« in Ihrer Geschichte. Eine Figur, die einfach nur dämonisch ist, kann man als Leser zwar fürchten, aber wirklich interessant ist sie nicht, und wenn sie zu platt böse ist, klappt nicht einmal das mit dem Fürchten, weil man sie nicht ernst nehmen kann. Jedes Mal, wenn ich einen wirklich Bösen in meinem Roman aufgeboten habe (zum Beispiel in der Fantasy oder in einem Thriller), kam von den Testlesern die Frage, wie derjenige denn so geworden sei. Es gab ein starkes Bedürfnis nach Vorgeschichte, Hintergründen und Erklärungen, kurz, danach, dieses Böse zu *verstehen*. Falls Sie solche Erklärungen noch nicht eingebaut haben, dann holen Sie es nach.

In Wirklichkeit sind Menschen weder völlig gut noch völlig böse. Bei Figuren nennt man das mehrdimensional. Das bedeutet einfach, dass auch Ihre Guten fiese Geheimnisse haben dürfen und dass man brauchbare Schurken bekommt, wenn man ihnen ein paar positive Eigenschaften gibt. Aláes, der skrupellose, machtbewusste und kalte

Eliskan[1] in meinem Fantasyroman *Nachtlilien*, ist ein echter Fiesling. Aber er hat auch seine weiche Seite – zum Beispiel mag er Kinder, verachtet Menschen dafür, wie lieblos sie manchmal mit ihrem Nachwuchs umgehen und kann bei seinen Streifzügen durch die Menschenwelt an keinem Bettlerkind vorbeigehen, ohne ihm ein paar Münzen zu schenken. Denn er selbst hat eine glückliche Kindheit genossen – die jedoch durch einen Krieg zwischen Menschen und Eliskan, in dem sein Vater starb, abrupt beendet wurde. Seither schwelt in ihm ein Hass, der ihn für die menschlichen Hauptfiguren so gefährlich macht.

Wie viel man selbst aus Monstern noch rausholen kann, kann man im Fantasy-Regal der Buchhandlung feststellen: Orks beispielsweise, die in den Tolkien-Verfilmungen schlicht widerlich rüberkommen, haben als Helden mehrerer Romane auf ihre raue, aber direkte Art Fans gewonnen.

Sind Sie Ihren Hauptfiguren nah genug?

Sie sind der Schöpfer all dieser Figuren, aber sie dürfen nicht *über* sie schreiben, sondern müssen in ihre Köpfe schlüpfen und *aus ihnen heraus* schreiben. Durch ihre Augen sehen, mit ihrem Kopf denken. Nur dann klingt es wirklich echt, was Sie zu Papier gebracht haben, nur dann können Ihre Leser wirklich in Ihrem Text versinken und ganz und gar mitleben.

So merken Sie, ob Sie noch zu weit weg sind von Ihren Figuren:

- Gibt es Abschnitte in Ihrem Manuskript, in denen man lange nicht erfährt, was die im Mittelpunkt stehende Figur denkt oder fühlt? Prüfen Sie am besten jede Szene!
  Reparatur: Bauen Sie an den entsprechenden Stellen mehr Gedanken, Gefühle und Wahrnehmungen ein.
- Bezeichnen Sie Ihre Hauptfiguren manchmal als »der dreißigjährige Mann«, »das Mädchen«, »die junge Frau«? Das sind Bezeichnungen, die man für andere Menschen verwendet. In dem Moment,

1 Die Eliskan in meinem Roman sind Tolkiens Elben ähnlich.

in dem Sie solche Bezeichnungen schreiben, betrachten Sie Ihre Figuren von außen und sind zu weit weg von ihnen.
Reparatur: Benutzen Sie ausschließlich den Vornamen (oder, wenn sie keinen hat, den Nachnamen) der Figur.

- Haben Sie manchmal das Gefühl, dass eine bestimmte, zentrale Figur Ihnen nicht so wichtig ist? Dass sie Ihnen im Grunde fremd geblieben ist? Dann ist sie bei der Planung vielleicht gar nicht erst lebendig geworden.
  Reparatur: Bauen Sie die Charakterisierung so lange aus, bis Ihnen die Figur genau vor Augen steht, sie zu leben und zu atmen scheint!

Entwickeln sich Ihre Hauptfiguren?

In manchen Romanen meistern die Hauptfiguren sämtliche Widrigkeiten des Lebens mit coolen Sprüchen und leben am Schluss weiter, als sei nichts passiert. Im wirklichen Leben läuft es anders, unsere Erfahrungen verändern uns – und in guten Romanen durchlaufen die Figuren ebenfalls eine Entwicklung. Sie werden vielleicht vom Leben oder den Menschen, die ihnen etwas bedeuten, verletzt und gebrochen, sie verzweifeln fast an dem, was sie bewältigen müssen, wachsen und reifen aber auch an ihren Erfahrungen und sind am Ende andere Menschen als zu Anfang.

Ein gutes Beispiel ist *Wasser für die Elefanten* von Sara Gruen: Wir erleben die Hauptfigur Jacob Jankowski zu Anfang als über neunzigjährigen Mann im Altersheim, der ungeduldig darauf wartet, in den Zirkus gebracht zu werden, er will die Vorstellung auf gar keinen Fall verpassen – denn der Zirkus, das war seine Welt. In langen Rückblenden erfährt man, wie es in den 1930er Jahren dazu kam. Völlig deprimiert durch den Tod seines Vaters wirft Jacob kurz vor dem Abschluss sein Tiermedizin-Studium hin – er kann einfach nicht mehr, es ist alles zu viel für ihn. Er landet bei einem heruntergekommenen Wanderzirkus, kann sich durch seine tierärztlichen Kenntnisse nützlich machen und verliebt sich dort in die schöne Kunstreiterin Marlena. Die ist jedoch schon verheiratet, mit dem charismatischen, aber grausamen Tiertrainer August. Als Marlena sich in Jacob verliebt und es mit dem Zirkus während der Wirtschaftskrise immer weiter bergab geht, eskaliert die Situation und steuert auf eine Katastrophe zu. Nur knapp kommen Marlena und Jacob mit dem Leben davon: Nun, da August getötet wurde, sind sie frei füreinander. Jacob ist selbstsicherer geworden und gereift, er hat seinen Weg im Leben und sein Glück gefunden. Als neunzigjähriger Witwer reißt er zum zweiten Mal aus, als seine Kinder vergessen, ihn aus dem Altersheim zur Vorstellung zu bringen. Und er wird – eine sehr bewegende Szene – wieder von einer Zirkustruppe aufgenommen.

Zurück zu Ihrem Roman und Ihren Hauptfiguren. Fragen Sie sich:

- In welcher Weise entwickeln sich meine Hauptfiguren? Wie ist ihre Situation am Anfang, wie am Schluss?
- Wie verändern sie sich durch das, was sie erleben?
- Was haben sie aus dem gelernt, das sie erlebt haben?

Solche Entwicklungen kann man nachbessern, und Sie werden merken, Ihr Manuskript wird davon profitieren.

Nicht angebracht ist eine Entwicklung der Figuren nur dann, wenn Sie Romane für eine Reihe schreiben und es dafür sogar wichtig ist, dass die Figur gleich bleibt, damit sie im nächsten Band (der möglicherweise von einem anderen Autor geschrieben wird) wieder loslegen kann, als sei nichts gewesen. Bei Reihen mit vielen Bänden würden sich sonst die Verweise auf andere Abenteuer häufen, was Leser meist als nervig empfinden.

Die Beziehungen zwischen Ihren Figuren

Viele Romane leben davon, dass sich zwischen den Figuren eine psychologische Spannung aufbaut. Klassisches Beispiel: *Gut gegen Nordwind* von Daniel Glattauer, ein Roman, der ausschließlich aus Mails zwischen Emmi und Leo besteht. Sie nähern sich einander an, flirten, diskutieren hitzig, zerstreiten sich, versuchen zaghaft, sich im wirklichen Leben kennenzulernen und gefährden durch die enge Mail-

Freundschaft ihre Partnerschaften in der wirklichen Welt. In dem packenden Science-Fiction-Roman *Herr aller Dinge* von Andreas Eschbach ist es die unerfüllte Liebe zwischen Charlotte, der Tochter eines Botschafters, und Hiroshi, dem Sohn einer Hausangestellten, die die Handlung in Gang bringt und sich wie ein roter Faden durch den Roman zieht.

Es ist Zeit, die Entwicklung zwischen Ihren Figuren unter die Lupe zu nehmen. Fragen Sie sich:

- Gibt es genug Szenen, in denen sich die Beziehung zwischen den Hauptfiguren entwickeln kann?
- Gibt es im Verlauf des Romans eine ansteigende Entwicklung?
- Ist es vorhersehbar, wie die Beziehung sich entwickelt, oder gibt es unerwartete Wendungen?
- Gibt es Konflikte zwischen den Figuren, so dass Spannung entsteht? Nichts ist langweiliger als Harmonie!
- Falls in Ihrem Manuskript eine Love Story vorkommt: Gibt es genug Hindernisse, die der Liebe entgegenstehen, so dass man mitfiebern muss, ob die beiden sich kriegen? Und bitte nicht das Standard-Missverständnis, dass Ihre Hauptfigur jemand anders geküsst oder umarmt hat, der sich dann aber nur als der Cousin etc. herausstellt – es sei denn, Sie schreiben einen Heftroman.

Kann man sich mit Ihren Figuren identifizieren?

»Es tut mir leid, aber Juli war mir einfach unsympathisch.« Dieses Feedback kam von mehreren Testlesern meines Romans *Koalaträume*. Ich war entsetzt, denn ein solches Problem mit der Hauptfigur ist tödlich für einen Roman. Durch hartnäckiges Nachfragen bekam ich schließlich heraus, woran es lag – und änderte nicht nur die Szenen, in denen sich Juli nach Ansicht der Testleser zu aggressiv verhielt, sondern warf die beiden ersten Kapitel raus, die sie charakterisieren sollten, und ließ die Handlung erst im dritten Kapitel beginnen. Es wirkte, jetzt stimmte die Chemie zwischen den Lesern und der Hauptfigur.

Man sagt, dass sich Leser mit Figuren *identifizieren*, weil sie während des Lesens ihr Leben teilen, ein Stück weit selbst in ihre Rolle schlüpfen. Oder zumindest begleiten sie die Figur, als sei es ein guter Freund oder eine gute Freundin. Doch nicht mit jedem mag man befreundet sein. Ist Ihre Hauptfigur eine, mit der man sich als Leser gerne identifiziert?

- Ist klar, wer die Hauptfiguren sind? Auch wenn Sie mehrere Parallelhandlungen erzählen, sollten Sie nicht mehr als drei Figuren haben, die eindeutig im Mittelpunkt stehen, in den meisten Szenen präsent sind und deren Erlebnisse den roten Faden des Buchs bilden. Die Leser können sie dann richtig gut kennenlernen. Wenn Sie mehr als fünf Hauptfiguren haben, schwächt das den Roman. Entscheiden Sie sich, wer wirklich wichtig und wer nur eine Nebenfigur ist.
- Haben Ihre Hauptfiguren klare, unverwechselbare Eigenschaften, eine in irgendeiner Form besondere Vorgeschichte oder eine Freizeitbeschäftigung/Gewohnheit abseits des Üblichen? Dann werden sie ihre Leser nicht anöden. Echte »Charakterköpfe« können sogar zu einer unvergesslichen Figur werden (Sherlock Holmes, Kluftinger etc.)
- Haben die Hauptfiguren ein paar für ihre Lebenssituation typische Probleme? Das macht sie menschlich, und die Leser und Leserinnen erkennen sich in ihr wieder.
- Hat Ihre Figur Schwächen, die sie menschlich machen? Nichts ist unsympathischer als eine perfekte Figur, die alles kann. Aber auch mit einem »Schwachkopf« mag man sich nicht identifizieren. Überhebliche, selbstverliebte oder zu Selbstmitleid neigende Figuren werden leicht abgelehnt.
- Handelt Ihre Hauptfigur meistens vernünftig, vor allem aber nachvollziehbar? Wenn nicht, wendet man sich möglicherweise kopfschüttelnd von ihr ab.
- Kommen Ihre Hauptfiguren schon zu Beginn des Romans im Text vor? Als Leser akzeptiert man die Figuren, denen man am Anfang begegnet, als Hauptfiguren. Wenn Sie mit einer Nebenfigur ein-

steigen, kann das irritieren. Weitere Hauptfiguren sollten Sie ebenfalls möglichst früh einführen, nicht erst in der zweiten Hälfte des Romans – das weiß ich aus bitterer Erfahrung mit meinem Buch *Im Bann des Vulkans*, ich musste das Manuskript völlig umbauen, um dieses strukturelle Problem zu beheben.

- Sind die Namen der Hauptfiguren passend? Prüfen Sie, wie die Namen laut ausgesprochen klingen. Bei Figuren in Fantasyromanen kann es nötig sein, sie mit Akzenten zu versehen, damit die Leser sie so aussprechen, wie Sie das möchten.

Alles Weitere ist Glückssache – oder hat etwas mit der geheimnisvollen Chemie zwischen Lesern und Figuren zu tun. Ich drücke Ihnen die Daumen, dass es passt, Sie werden es nach den ersten Testleser-Feedbacks feststellen.

Funktionieren Plot und Perspektive?

»Schriftsteller dürfen zwar lügen, bis sich die Balken biegen, aber es muss trotzdem logisch und glaubhaft erscheinen.«
Ingrid Noll

Ihr Plot auf dem Prüfstand

Eine interessante, schlüssige Handlung zu entwerfen gehört sicher zu den schwierigeren Aufgaben eines Autors. Und jeder Roman ist anders, deswegen ist es nicht leicht, Kriterien für das Selbstlektorat aufzulisten. Ein paar Dinge gibt es aber, die sich verallgemeinern lassen – zum Beispiel das Ziel. Driftet die Hauptfigur ziellos durchs Leben, ist es schwierig, das interessant zu gestalten – muss sie oder will sie mit aller Macht hingegen ein bestimmtes Ziel erreichen oder steht etwas auf dem Spiel, entstehen Konflikte, die Ihre Handlung voranbringen.

Konflikte sind wichtig. Läuft für die Hauptfigur alles glatt und helfen ihr alle Menschen, die sie trifft, ist der Roman ungefähr so spannend wie eine lauwarme Tasse Tee. Erst die Konflikte, die Ihre Hauptfigur zu bewältigen hat, die Gegenspieler, die ihr das Leben schwer machen, und die Hindernisse auf ihrem Weg machen ein Buch packend.

Vielleicht arbeiten Sie mit Parallelhandlungen und Rückblenden – in diesem Fall ist es wichtig, dass sowohl die Parallelhandlungen als auch die Rückblenden in sich spannend und nicht einfach nur dazu da sind, Hintergrundwissen zu vermitteln. Sie haben nichts davon, wenn Ihre Leser und Leserinnen solche Passagen überblättern, weil sie die Rückblenden langweilig finden und wissen wollen, wie es in der Haupthandlung weitergeht.

Prüfen Sie auf jeden Fall Folgendes:

- Ist Ihre zentrale Romanidee neu und interessant? Wenn Sie auf ein altbewährtes Thema setzen: Gewinnen sie ihm neue Facetten ab?
- Verfolgen die Hauptfiguren Ziele, die ihnen sehr wichtig sind?
- Hängt viel davon ab, dass sie diese Ziele erreichen?
- Gibt es genügend Konflikte und einen oder mehrere ernsthafte Gegenspieler? Überprüfen Sie jede Szene, ob man sie durch zusätzliche Konflikte interessanter machen könnte.
- Gibt es Passagen, in denen das große Ziel in den Hintergrund tritt oder der Leser fast vergisst, worum es geht? Besser raus damit, oder immer wieder an das Ziel erinnern!
- Mal ehrlich: Ist es im Grunde vorhersehbar, wie sich Ihre Geschichte entwickelt und auflösen wird? Oder haben Sie unerwartete Wendungen eingebaut?
- Steigert sich die Geschichte zum Ende hin, eskaliert die Lage? Die meisten Romane profitieren von einer solchen Steigerung (bis hin zum Showdown). Das hat nicht unbedingt etwas mit Action zu tun – auch in Romanen, in denen wenig passiert, kann man Handlung und Konflikte vor der Auflösung noch mal ordentlich zuspitzen.
- Haben Sie die Logik Ihrer Geschichte überprüft, ist jede Szene plausibel?
- Gibt es noch Brüche oder Sprünge, die beim Lesen stören könnten?
- Sind sämtliche parallelen Stränge in sich spannend?
- Haben die Rückblenden eine in sich spannende, eigene Handlung oder enthüllen sie interessante Geheimnisse?

Auf der Suche nach dem roten Faden

Können Sie auf den Punkt bringen, worum es in Ihrem Roman geht? In vier bis sechs Sätzen den Inhalt beschreiben? Wenn ja, dann ist das ein großer Pluspunkt, denn Sie haben den Kern ihres Buchs wahrscheinlich schon gefunden. Wenn nicht, dann hilft Ihnen eine Zusammenfassung dabei. Sie können auch gleich einen Klappentext daraus machen, der wird irgendwann sowieso gebraucht.

Wenn es Ihnen dagegen schwer fällt, Ihre Handlung zusammenzufassen, dann sollten Sie sich fragen, ob Sie den roten Faden schon gefunden haben. Vielleicht haben Sie einen bestimmten Roman geplant, und dann ist etwas anderes daraus geworden. Oder die Handlung ist so komplex und kompliziert, dass sie unmöglich in vier Sätzen wiedergegeben werden kann (dann ist sie möglicherweise unverständlich und verwirrend für den Leser). Deswegen mein Tipp:

- Nehmen Sie sich die Zeit und entwerfen Sie eine Kurzbeschreibung Ihres Romans in vier Sätzen. Das hilft Ihnen, den Kern Ihrer Geschichte zu finden.
- Wenn Sie dabei feststellen, dass Sie im Roman vieles erzählen, was nichts mit diesem Kern zu tun hat, dann viel Spaß beim Streichen! Arbeiten Sie den roten Faden klar heraus, so dass man als Leser fast schon zwingend von einer Szene zur nächsten geleitet wird.

Sehr hilfreich finde ich immer ein Exposé, nicht nur für die Verlagssuche. Möglich, dass Sie schon vor Beginn des Schreibens eins für den Roman gemacht haben – wunderbar! Das hat Ihnen sicher geholfen, die Handlung vor Schreibbeginn gründlich zu durchdenken. Wenn Sie noch keins haben und daran zweifeln, ob der Plot in dieser Form funktioniert, dann ist es eine gute Übung, jetzt eine Inhaltsangabe der Handlung auf bis zu drei Seiten zu erstellen. Dadurch haben Sie den ganzen Plot im Überblick vor sich und merken vielleicht an manchen Stellen, wo etwas noch nicht funktioniert.

Neulich habe ich ein Exposé geprüft, in dem es um eine komplizierte Intrige im Alten Ägypten ging. Ich blickte schon nach kürzester Zeit nicht mehr durch, wer hier wem schaden wollte oder sich gegen wen verschworen hatte, und das Spannungsgefühl blieb dabei auch auf der Strecke. In diesem Fall war die Lösung, Roman und Exposé zu entrümpeln und die Handlung zu vereinfachen, was ihr letztlich mehr Kraft gab.

Fantasy-Plots sind häufig sehr vielschichtig und warten mit einer Fülle von Personal auf, so dass die Vielzahl der Namen einen schon im Exposé förmlich erschlägt. In diesem Fall lassen Sie im Exposé am besten die meisten Parallelhandlungen, Wendungen und Nebenfiguren weg. Drei Seiten, nicht mehr. Das ist eine tolle Übung darin, den roten Faden Ihrer Handlung zu finden. Katharina Erfling, eine meiner ehemaligen Praktikantinnen, hat es sogar auf zwei Seiten geschafft und mich damit beeindruckt. Hier ist ihr Exposé:

Katharina Erfling
Franzstr. 55
50935 Köln
Tel. xxx – xx xx xx xx
katharina.erfling@googlemail.com

Exposé

Chosen

- Romantische High Fantasy
- Zielgruppe Jugendliche ab 14
- Ca. 800 Normseiten

Grausame Träume beherrschen Breannas Nächte seit dem einen Tag an dem sie alles verloren hat. Der Tag, an dem die Kreaturen der Tiefe, die einst der Auserwählte von Zilien besiegt hatte, zurückkehrten und alles zerstörten. Sie legten ihr Gut in Schutt und Asche und zwangen sie und ihren Verlobten Ricad zu einem Leben am Rande der Gesellschaft. Bald schon waren sie als die diebischen Füchse bekannt und hohe Lösegelder waren auf ihre Festnahme ausgesetzt. Als ihr Verlobter sie an den Feind verrät und sie es schafft zu fliehen, beherrschte ein einziger Gedanke ihr Handeln: Rache. Rache an dem, der alles erst ins Rollen gebracht hat: der lasterhafte und gewissenlose Eldarion Farning, der zu Unrecht seinen Titel als Auserwählter trägt und der seine

Aufgabe nicht beendet hatte. Denn es ist einfacher, einen Fremden zu hassen, als den einen, den sie jahrelang geliebt hatte.

Als Breanna endlich auf den Auserwählten trifft, schafft sie es nicht, sich zu rächen. Sie muss einsehen, dass sie ihm im Kampf nichts entgegenzusetzen hat, und beschließt, mit ihrer Rache zu warten, bis der rechte Zeitpunkt gekommen ist. Gemeinsam machen sie sich auf die Reise, um mehr über das Auftauchen der Kreaturen der Tiefe herauszufinden. Eldarion beweist schnell, dass die Gerüchte, die über ihn kursieren, der Wahrheit entsprechen. Bald schon begegnet Breanna einer anderen Seite von ihm, einer, die sie zutiefst irritiert. Sie lernt den unsicheren und wütenden Darion kennen, der alles dafür geben würde, seinen Titel und die Bürde, die er seit seiner Kindheit als Auserwählter trägt, abzulegen und alles zu vergessen. Als sich ihr die perfekte Gelegenheit zur Rache bietet, bringt sie es einfach nicht über sich. Sie hasst sich für ihr Versagen und für die Gefühle, die sich so sehr von dem Hass unterscheiden, der ihr vertraut ist. Darion versucht den Grund für ihre Träume herauszufinden, doch sie wehrt sich dagegen, ihm etwas von sich preiszugeben. Zu groß ist die Angst, er würde sie verachten, wenn er mehr über ihre Vergangenheit erführe, von Ricad und Balacron, dem Herrscher der Kreaturen der Tiefe, der sie immer noch fest in seiner Hand hat und ihre Träume beherrscht. Nur die Artefakte der Macht können sie aus ihrer Lage befreien. Sie weiß, dass ihr Weg sie letztendlich zu Balacron führen wird. Es gab keine andere Möglichkeit.

Breanna ist hin und hergerissen zwischen den Gefühlen der Zuneigung für Darion, die immer stärker in ihr werden, und der Rache, die ihr immer wieder leise zuflüstert. Als ihr bester Freund stirbt, ist es Darion, der für sie da ist und ihr Halt gibt – der Auserwählte, den sie zu hassen geschworen hatte. Sie vertraut ihm ihr großes Geheimnis an und fürchtet sich vor seiner Reaktion. Darion verurteilt sie nicht. Er schwört, Balacron zu besiegen und sie aus seinen Fängen zu befreien. Sie möchte ihm so gerne glauben. Glauben, dass er alles zum Guten wenden kann, aber die Zweifel bleiben zurück. Als Darion sich in einem Kampf gegen sie stellt und zu erkennen gibt, dass er von Anfang an ein Diener Balacrons gewesen ist, ist sie erschüttert. Sie hatte sich geschworen, nie wieder einem Menschen so sehr zu vertrauen. Der Gedanke an Rache brennt heller denn je in ihrem Inneren. Sie folgt ihm, um ihn aufzuhalten und das zu tun, was sie schon vor langer Zeit hätte tun müssen. Doch als sie Darion findet, erfährt sie, dass er nicht sie, sondern Balacron verraten hatte. Alles war von Anfang an geplant gewesen, um den Schattenherrscher endgültig zu verbannen und hinter dem Tor der Illusionen wegzusperren. Darion würde das Tor mit sich in die Tiefe reißen ... auch wenn das seinen Tod bedeutet. Breanna versucht ihn davon zu überzeugen, dass es eine andere Möglichkeit geben muss, als sie von Balacrons Schergen umzingelt werden. Sie kämpfen, für die Zukunft Ziliens und ihre eigene. Nur um ein Haar schaffen sie es, Saeradan zu besiegen, und müssen fast mit dem Leben dafür bezahlen. Mit der Hilfe der Artefakte gelingt es Eldor, das Gleichgewicht der Welt wieder herzustellen.

Stimmen die großen und kleinen Spannungsbögen?

Der große Spannungsbogen Ihres Romans ist der Hauptkonflikt, die zentrale Frage, das Rätsel, das im Mittelpunkt steht, das Schicksal, das in der Schwebe ist. Dieser große Bogen ist die Grundlage ihres Romans, und er endet erst am Schluss. Daneben brauchen Sie einige kleinere Spannungsbögen, die schon nach ein paar Seiten oder zwei, drei Kapiteln wieder aufgelöst werden. Zum Beispiel einen inneren Konflikt, eine schwierige Entscheidung, eine Klemme, aus der Ihre Hauptfiguren erst einmal wieder herauskommen müssen, ein Hindernis, das sich ihren Plänen entgegenstellt, eine lang erwartete Begegnung mit einem Unbekannten, das konfliktreiche Treffen zweier sehr unterschiedlicher Menschen, einen Angriff, eine Flucht und so weiter. Bauen Sie ruhig viele dieser kleinen Bögen ein (die im Idealfall mit dem großen Bogen zusammenhängen und ihn stützen).

Fragen an Sie und Ihr Manuskript:

- Ist der große Bogen Ihrer Handlung interessant genug, um den Leser durchs ganze Buch zu tragen? Oder knickt er irgendwo ein? An welcher Stelle hatten Sie selbst Mühe, sich zum Weiterschreiben zu motivieren? Hier sollten Sie nachbessern, damit Ihre Leser das Buch nicht an dieser Stelle weglegen.
- Sind die kleinen Spannungsbögen richtig ausgearbeitet? Eine Konflikt- oder Kampfszene, die schon nach einer Seite vorbei ist, bringt wenig!

Grundlage von Spannung sind offene Fragen. Immer, wenn sich der Leser Fragen stellt und weiterlesen muss, um die Antwort darauf zu erhalten, ist der Text spannend. Beispiel aus einer fiktiven Romanszene: Anne, die etwas schüchterne Hauptfigur des Romans, hat es im Unternehmen nicht leicht. Sie hat sich vorgenommen, sich von ihrem Chef nicht mehr alles bieten zu lassen. Und jetzt wird sie auch noch in sein Büro zitiert! Das ist spannend: Was will der Typ von ihr? Wieso schauen alle Kollegen sie so seltsam an? Wie wird sie auf seine fiese Bemerkung reagieren, wird sie es schaffen, ihm Kontra zu geben? Wird ihr Chef es durch das Gespräch erreichen, sie zum Kündigen zu bringen, obwohl sie das gar nicht will? Gerade als der Chef etwas besonders Gemeines sagt, kommt ihre Kollegin rein, die sie manchmal unterstützt hat. Wird sie Anne verteidigen oder eingeschüchtert den Mund halten? Und so weiter.

Ich mache es meist so, dass ich mir im Exposé notiere, welche Fragen, die zum Weiterlesen reizen, in der Handlung entstehen. Wenn mir zu einem bestimmten Abschnitt des Romans keine einfallen, oder wenn diese Fragen nicht drängend und intensiv genug sind, ist das ein Alarmsignal. Beim Überarbeiten der einzelnen Szenen klopfe ich sie ebenfalls auf mögliche Fragen ab. Das funktioniert nicht immer, ist aber besser als jede andere Methode, die ich kenne.

Zurück zu Ihrem Roman:

- Nehmen Sie sich das Exposé vor, falls Sie schon eins haben. Schreiben Sie bei jeder neuen Wendung der Handlung kursiv und in Doppelklammern hinein: »*Hier fragt sich der Leser, was/wie/ob …*«.

- Wenden Sie die Fragen-Methode auf Szenen, bei denen Sie sich unsicher sind, an. Wenn Ihnen nur wenige Fragen einfallen, dann überlegen Sie, wie sich die Szene umschreiben ließe, so dass mehr interessante Fragen entstehen.

Befolgen Sie die ungeschriebenen Gesetze des Genres?

Jedes Genre folgt bestimmten ungeschriebenen Gesetzen, besonders viele gibt es im Bereich Krimi und Fantasy. Wenn Sie viele Krimis gelesen haben, dann haben Sie viele Regeln dieses Genres wahrscheinlich schon verinnerlicht. Im klassischen »Whodunit« beispielsweise sollte die Handlung nicht zu vorhersehbar sein – wenn die Leser schon in der Mitte des Romans erraten haben, wer's war, dann wird es langweilig. Man muss also reichlich falsche Fährten legen und Verdächtige einführen, die es dann doch nicht waren. Außerdem soll der Leser miträtseln dürfen und dafür müssen Sie ihm die nötigen Informationen liefern, wenn auch in versteckter und unauffälliger Form. Gar keine Hinweise zu geben wäre für die Leser ärgerlich.

Im Fantasyroman ist es wichtig, dass die von Ihnen geschaffene Welt solide ist, Sie sich also nicht nur einen groben Rahmen überlegt haben, sondern auch Details wie Kleidung, Speisen, Feiertage, Rituale, Ausdrücke, Flüche und Redewendungen, Justizsystem, Ausbildungssystem und vieles andere mehr. Wenn Sie nicht wirklich wissen, wie Ihre Welt aussieht, funktioniert und sich anfühlt, werden das die Leser merken und es Ihnen übelnehmen. Versuchen Sie außerdem, die zahlreichen Fantasy-Klischees und Stereotype zu vermeiden oder zumindest zu brechen.

Ein neues Genre auszuprobieren kann sehr spannend, aber auch etwas anstrengend sein. »Vor Jahren habe ich zur Horror-Geschichten-Anthologie *Das Grauen kam an Heiligabend* eine Geschichte mit dem Titel ›Dark‹ beigesteuert«, erzählt der Autor Thomas Endl. »Horror hatte ich allerdings noch nie geschrieben. So geriet die erste Fassung der Geschichte reichlich actionlastig, wie es sich für eine Geschichte mit zwei Jungs als Helden gehört. Die Lektorin korrigierte mich: Horror entsteht nicht aus Action, sondern aus Andeutung, Ankündigung und Angst. Also schrieb ich eine zweite Fassung. Auch die war noch nicht ›horrible‹ genug. Also eine dritte Fassung – und nicht nur die Lektorin war nun glücklich, sondern auch ich, weil ich etwas Neues gelernt hatte. Wenn auch mit Mühen.«

Kurios wurde es, als sich Thomas Endl ein paar Jahre nach der Print-Veröffentlichung entschloss, *Dark* als E-Book auf den Markt zu bringen. »Beim Wiederlesen aller Fassungen gefielen mir meine Actionszenen gut, aber auch die Szenen, die in den Fassungen 2 und 3 die Action ersetzt hatten. Und nun, da das Etikett »Horror« nicht mehr auf der Geschichte kleben musste, durfte ich alles verwenden, was mir gefiel und zueinander stimmig schien. Die neue – also vierte – Fassung firmiert unter *Dark – Eine düstere Weihnachtsgeschichte.*«

Es ist unmöglich, hier sämtliche Gesetze der verschiedenen Genres aufzulisten, Sie können sich darüber zum Beispiel in Autorenratgebern und auf Workshops informieren. Hier nur einige Fragen:

- Thriller/Krimi: Haben Sie genug falsche Fährten gelegt und unschuldige Verdächtige eingeführt?
- Thriller/Krimi: Geben Sie ausreichend – versteckte – Hinweise auf den wirklichen Täter?
- Thriller/Krimi: Gibt es eine überraschende Wendung am Schluss (muss nicht sein, kommt aber bei den Lesern gut an)?
- Psychothriller: Gibt es einen (inneren) Hauptkonflikt, der sich geistig oder emotional zuspitzt?
- Fantasy: Haben Sie eine detaillierte, glaubwürdige Welt entworfen?
- Fantasy: Haben Sie eine Karte Ihrer Welt gezeichnet?
- Fantasy: Haben Sie im Manuskript Begriffe und Redewendungen vermieden, die aus unserer Gegenwart stammen und zu »modern« für diese Welt klingen?
- Bei anderen Genres: Lösen Sie die Erwartungen der Leser ein, das heißt bekommt man bei Ihrer Horror-Geschichte wirklich Angst? Ist Ihre Romantic Comedy wirklich lustig?

Wichtig: *Wenn Sie experimentieren wollen, tun Sie das! Aber Sie sollten diese ungeschriebenen Gesetze nur mit Absicht brechen. Und es muss funktionieren – einen ersten Hinweis darauf geben Ihnen Testleser.*

Ein Sonderfall ist das Kinder- und Jugendbuch. Was man hier alles beachten sollte, finden Sie in meinem *Handbuch für Kinder- und Jugendbuchautoren*. Wichtig ist zum Beispiel, sich beim Bilderbuchschreiben an einer zwölf-Doppelseiten-Dramaturgie zu orientieren und die Bilder mitzudenken, Erstlesetexte knapp, einfach und dennoch witzig zu schreiben und in Jugendromanen nicht allzu viel Jugendsprache zu verwenden.

Passt die Perspektive?

Eine Erzählperspektive, die nicht zum Roman passt, ruiniert eine gute Geschichte zwar nicht, aber mit einer gut passenden Perspektive wird das Buch stimmiger. Los geht's mit den Fragen:

- Passt die Perspektive wirklich gut zu diesem Buch oder tut es Ihnen im Nachhinein leid, dass Sie sie gewählt haben? Zum Hintergrund: Will man, dass die Leser sich stark mit der Hauptfigur identifizieren, oder wenn die Hauptfigur eine unverwechselbare Erzählstimme hat, eignet sich die Ich-Erzählung am besten. Möchte man mehrere Perspektiven unterschiedlicher Personen einbeziehen, ist die Dritte Person besser geeignet, denn es ist unglaubwürdig, dass ein Ich-Erzähler seine Geschichte durch andere Aussagen ergänzt.
- Würde es dem Buch noch mehr Reiz geben, wenn noch ein oder zwei Perspektiven hinzukämen? Sie lassen sich mit wenig Aufwand nachträglich hinzufügen. In Krimis und Thrillern beispielsweise können Sie die Perspektive des Täters oder einer Figur, die dem Leser unbekannt und rätselhaft ist, miteinbeziehen.
- Haben Sie zu viele Perspektiven? Lässt man sehr viele Figuren mit eigenen Sichtweisen auftreten, besteht die Gefahr, dass die Handlung zerfasert und nicht mehr den Sog entfaltet, den Sie gerne

hätten. Aber wie viele Perspektiven sind »zu viel«? Sagen wir es mal so: Wenn mir ein Erstautor erzählt, dass er mehr als vier oder fünf Perspektiven in seinem Roman hat – einer hat sogar mal stolz etwas von geplanten zehn berichtet! – gehen bei mir die Alarmglocken an. So viele Handlungen parallel zu führen, und zwar so, dass es funktioniert, ist alles andere als einfach. Wenn Sie den Verdacht haben, dass Sie zu viele Perspektiven bzw. Parallelhandlungen haben, probieren Sie es mit Streichen und Kürzen und schauen Sie, ob der Roman an Tempo und Kraft gewinnt.

Es ist eine Höllenarbeit, nachträglich im ganzen Manuskript die Perspektive zu ändern. Einmal habe ich es trotzdem getan. Statt mir die künstlerische Freiheit zu lassen, wollte der Verlag, dass ich *Gepardensommer* in der 3. Person schreibe (vermutlich deshalb, weil alle anderen Abenteuerromane im Programm ebenfalls in dieser Perspektive waren). Ich wusste von Anfang an, dass das keine gute Idee war – Lilly ist eine schräge, witzige Hauptfigur, sie musste ihre Geschichte unbedingt selbst erzählen. Trotzdem fügte ich mich erst einmal, aber ich merkte, dass sich der Text dagegen sträubte, deshalb versuchte ich mit allen Mitteln, den Verlag von der Ich-Erzählung zu überzeugen. Nach Monaten klappte das endlich, aber nun musste ich das schon halb fertige Manuskript umschreiben, was mich zwei Wochen extra kostete. Doch es lohnte sich, der Text gewann durch die neue Perspektive mächtig an Schwung, und der Rest des Romans schrieb sich fast wie von selbst.

Der Szenen-Doktor

> »Anders als Schauspieler und Sportler können wir verbessern, überarbeiten oder komplett neu schreiben, wenn wir wollen. Bis unsere Arbeit *in Druck gegeben* – wie *in Stein gemeißelt* – wird, haben wir die Macht darüber.«
>
> *Joyce Carol Oates*

Gute und weniger gelungene Szenen markieren

Lesen Sie Ihr Manuskript quer und achten Sie auf Ihr Bauchgefühl. Markieren Sie mit einem gelben oder orangefarbenen Leuchtmarker Stellen,

- mit denen Sie zwar schon weitgehend zufrieden sind, aber noch nicht ganz;
- die Sie sich schon für die Überarbeitung vorgemerkt haben;
- bei denen Ihnen das Schreiben nicht viel Spaß gemacht hat;
- bei denen Ihr Bauchgefühl »Problem!« signalisiert, ohne dass Sie genau wissen, warum.

Schwieriger ist es, die Diagnose für das jeweilige Problem zu finden. Wenn Sie schon während des Schreibens gemerkt haben, dass Sie an diese Szene später nochmal rangehen sollten, wissen Sie den Grund wahrscheinlich schon. Wenn Sie noch nicht konkret sagen können, was los ist, dann müssen Sie leider über jede problematische Szene intensiv nachdenken. Ist die Passage langweilig, woran könnte das liegen und ließe es sich ändern? Nicht immer wird es Ihnen gelingen herauszufinden, was nicht stimmt – doch meist können Ihnen Testleser helfen, siehe Schritt 3 dieses Buchs.

Tipp: Was ist eigentlich eine Szene? Kleiner Anhaltspunkt: Jedes Mal, wenn in Ihrem Roman Zeit und/oder Ort wechseln, dann beginnt gewöhnlich eine neue Szene (zu der meist Dialog gehört).

Gut für die Motivation ist es nicht gerade, ohne Unterlass an seinem eigenen Manuskript herumzukritteln. Deshalb jetzt bitte einen dicken grünen Textmarker nehmen und alle Szenen markieren, die Ihnen richtig gut gefallen! Wenn Sie Lust und Zeit haben, können Sie darüber nachdenken, warum diese Textstelle Ihnen so gut gefällt und was Sie an dieser Stelle richtig gemacht haben. Es kann aber sein, dass alle Testleser ausgerechnet diese Szene hassen, dann sollten Sie sich möglicherweise davon trennen. Aber viel häufiger ist es, dass auch andere diese Stelle gut finden werden.

Reihenfolge der Szenen umstellen

Wenn Sie sich orientierungslos fühlen und nicht wissen, wie Sie Ihre vielen einzelnen Szenen anordnen sollen, damit ein richtig guter Plot dabei herauskommt, probieren Sie es mit der Kärtchenmethode[2]. Sie hilft Ihnen, eine verworrene Handlung aufzudröseln und neu zusammenzusetzen. Besonders wenn Sie mit mehreren Perspektiven, Parallelhandlungen und/oder Rückblenden arbeiten, ist diese Methode sinnvoll. So geht's:

- Schreiben Sie jede Szene in Stichworten (zum Beispiel »Jan und Giulia treffen sich in Neapel wieder und streiten sich«) auf ein Kärtchen. Wenn Sie möchten, können Sie unterschiedliche Farben verwenden, zum Beispiel eine Farbe für Schlüsselszenen, eine andere Farbe für weniger wichtige Szenen, eine dritte Farbe für mögliche neue Szenen etc.

2 Sie kommt aus dem Bereich Drehbuch – dort werden ausführliche »Storyboards« erstellt, um die Szenen- und Bildfolge zu optimieren.

- Heften Sie die Kärtchen an eine große Wand oder Pinnwand (zur Not tut's auch der Boden), erst einmal in der Reihenfolge, in der sie im Manuskript vorkommen.
- Jetzt können Sie die Reihenfolge der Szenen ändern und ausprobieren, ob eine andere Abfolge mehr Sinn macht. Kleiner Tipp: Wechseln Sie bei einer Parallelhandlung immer dann Schauplatz und Erzähler, wenn man wissen will, wie es weitergeht. (Die zweite Parallelhandlung muss ebenfalls spannend sein, sonst blättern Ihre Leser darüber hinweg.) Auf diese Art können Sie Spannungsbögen verlängern und den Leser noch ein wenig länger auf die Auflösung einer kritischen Situation warten lassen.
- Sehr nützlich ist es, wenn man diese Übung zusammen mit jemandem macht, der das Manuskript kennt. So können Sie Ihre Struktur diskutieren und neue Ideen sofort an einem Sparringspartner austesten. Am besten eignen sich andere Autoren/Autorinnen oder gute Freunde, die sich für Ihre Texte interessieren.

Seien Sie skrupellos – wenn Sie merken, dass eine Szene überflüssig ist, dann raus damit.

Vielleicht haben Sie bei dieser Übung aber auch gemerkt, dass noch ein paar Szenen hinzukommen könnten, um den Text runder zu machen und die Konflikte zwischen den Figuren auszureizen.

Funktionieren die Kapitelübergänge?

Kapitel sind gefährlich. Ich merke es an mir selbst: Wenn ich tagsüber zur Entspannung ein paar Seiten lese, oder wenn ich abends im Bett noch ein bisschen schmökere, nutze ich meist die Kapitelenden, um »Schluss!« zu sagen und entweder wieder an die Arbeit zu gehen oder das Licht auszumachen. Sie sind logische Endpunkte, um aus dem Text auszusteigen. Doch Sie wollen nicht, dass irgendjemand Ihr Buch weglegt, aus welchen Gründen auch immer. Tun Sie was dagegen! Achten Sie bei der Überarbeitung besonders auf die Kapitelenden. Hier sind die Fragen dazu:

- Ist man am Ende des Kapitels neugierig darauf, wie es weitergeht? Welche Fragen stellen sich die Leser an diesem Punkt? Je drängender diese Fragen sind, desto besser! Wenn es an dieser Stelle zu wenige offene Fragen gibt, lassen Sie das Kapitel besser an einer anderen Stelle enden (siehe nächste Frage).
- Sind Ihre Kapitel inhaltlich rund oder unterbrechen Sie die Handlung meist in der Mitte, zum Beispiel an einer spannenden Stelle? »Inhaltlich rund« ist normalerweise etwas Schönes, aber bei Kapiteln ist es tatsächlich besser, sie mitten in der Handlung enden zu lassen, damit Sie den Leser ins nächste Kapitel hineinziehen. Und dann wieder ins nächste, und so weiter, bis auf einmal die Nacht rum ist … »Cliffhanger« nennt man das. Hat übrigens trotz des reißerischen Namens – die Hauptfigur hängt mit den Fingerspitzen an der Klippe, wird sie fallen oder nicht? – nichts mit Action zu tun. Cliffhanger funktionieren auch bei psychologischer Spannung. Man sollte diese Methode nicht überstrapazieren, so dass es platt wirkt, aber gezielt eingesetzt funktioniert sie bestens.
- Sind Ihre Kapiteltitel interessant, machen sie neugierig, ohne zu viel zu verraten? Vermeiden Sie Kapiteltitel, die rein inhaltlich beschreibend sind. Manche Autoren nummerieren ihre Kapitel einfach nur – auch gut.

Anfang und Schluss

> »Wenn die erste Szene gefunden ist, zum Beispiel durch einen Zeitungsartikel, dann wächst der Text wie von selbst. Und solange ich noch selbst beim Schreiben – und Vorlesen – lachen und mich überraschen kann, wird auch Brunetti nicht sterben.«
>
> *Donna Leon*

Die ersten fünf Seiten

Sie wissen, dass die ersten fünf Seiten die wichtigsten sind, weil Leser und Lektoren hier ihren ersten Eindruck von Ihrem Text bekommen. Entsprechend viel Arbeit haben Sie in den Anfang gesteckt. Zeit, ihn nochmal genau anzuschauen:

- Zieht einen der Anfang sofort in die Handlung hinein oder fesselt er durch eine ungewöhnliche Perspektive oder die Eleganz des Stils?
- Wird schon auf den ersten Seiten klar, ob Ihre Hauptfigur männlich oder weiblich ist, wie sie heißt und wie alt sie etwa ist? Wenn nicht, sollten Sie einen Grund dafür haben. Am besten geben Sie in den ersten Kapiteln schon Anhaltspunkte, wie sie aussieht, damit sie ein guter Darsteller im »Kopfkino« ist …
- Ist klar, an welchem Ort und zu welcher Zeit die Handlung spielt? Die meisten Leser wünschen sich eine schnelle Orientierung. Es sei denn, das Prinzip Ihres Plots ist, Ihre Leser und Leserinnen herumrätseln zu lassen. Wie zum Beispiel in den Jugendromanen *Méto* von Yves Grevet, der auf einer fiktiven Insel spielt, auf der Jungen zu unbekanntem Zweck ausgebildet werden, oder *Boy 7* von Mirjam Mous. Boy 7 findet sich auf einer heißen Prärie-Ebene wieder und weiß weder, wer er ist, noch wie er dorthin gekom-

men ist. Die einzige Nachricht auf seinem Handy stammt von ihm selbst: »Was auch passiert, ruf auf keinen Fall die Polizei!«.

Kurz, geben Sie die Antwort auf die klassischen W-Fragen: wer, wo, wann, was, wie. Klingt banal, aber man vergisst es leicht, weil man selbst mit Figuren und Handlung so vertraut ist. Denken Sie daran, dass Ihre Leser und Leserinnen neu sind in der Welt Ihres Romans …

- Liefern Sie zu viele Informationen? Viele Erstautoren tendieren zu etwas, was der Schreibpädagoge Hans Peter Roentgen einen »Infodump« am Anfang nennt. Sie erklären irrsinnig viel, und der Leser fängt an zu gähnen. Besser, man konzentriert sich völlig auf die Handlung, Ihre Leser werden sich nach und nach orientieren und brauchen keine großen Erklärungen am Anfang. Besonders groß ist die Infodump-Gefahr in der Fantasy, weil Sie ja Ihre Welt vorstellen und erklären wollen. Nicht nötig! Beschränken Sie sich auf das absolut Notwendige und lassen Sie den Leser eintauchen in Handlung und Welt, er wird beides schnell begreifen lernen.
- Lesen Sie sich die ersten zwei Kapitel laut vor, um die letzten stilistischen Holprigkeiten aus dem Manuskript zu fischen.
- Ein Verlag gibt viele tausend Euro aus, um aus einem Manuskript ein Buch zu machen. Thea Dorn hat mir mal erzählt, dass ihre spätere Lektorin bei ihrem ersten Krimi schon nach ein paar Seiten sicher war, dass sie dieses Manuskript für den Verlag kaufen wollte. Seither geht mir das manchmal beim Lesen von Manuskripten oder veröffentlichten Büchern durch den Kopf: »Ja, bei diesem ist das erste Kapitel so gut, dass ich mitgeboten hätte!«.

Wenn Sie das Buch nicht nur für sich geschrieben haben, sondern vorhaben, es anzubieten, dann eignet sich die folgende Übung für Sie. Lesen Sie sich das erste Kapitel Ihres Manuskripts mit dem kalten Blick eines Fremden durch – würden Sie als Verleger dafür Geld auf den Tisch legen? Vielleicht sogar viel Geld, weil es eine Menge Leser gibt, die sich für Ihre Geschichte interessieren würden? Wenn Sie noch Zweifel oder ein ungutes Gefühl haben, schreiben Sie einen ganz neuen Anfang! Umschreiben ist gut, aber eine neue Variante des Anfangs kann manchmal ein Befreiungsschlag sein.

Der Schluss

Alle Möglichkeiten stehen Ihnen offen – ein tragisches Ende, ein Happy End, ein bittersüßer Schluss mit Hoffnungsschimmer. Schwanken Sie noch, ob es passt, wofür Sie sich entschieden haben? Versetzen Sie sich in Ihre späteren Leser hinein – werden sie am Schluss zufrieden sein oder überrascht? Werden sie schmunzeln oder sich heimlich eine Träne aus dem Auge wischen? Oder werden sie womöglich verwirrt oder verärgert sein, weil Sie viele Fragen offen lassen und keine Möglichkeit besteht, die Antworten zu finden?

Ich will gar nicht versuchen, Ihnen einen offenen Schluss auszureden. Aber es sollte wenigstens ein guter offener Schluss sein, so wie beispielsweise in *Oryx und Crake* von Margaret Atwood.

Crake, ein junger Forscher, hat mit einer neu entwickelten Krankheit die gesamte Menschheit ausgelöscht und stattdessen eine neue, friedlich-naive »Menschenart« entwickelt. Crakes Kindheitsfreund Jimmy, einer der wenigen Überlebenden der Katastrophe, freundet sich mit den Geschöpfen an, die ihn wegen seiner hellen Haut »Schneemensch« nennen. Am Schluss des Romans stellt Jimmy fest, dass noch drei ausgemergelte, bewaffnete »normale« Menschen überlebt haben, zwei Männer und eine Frau. Er beobachtet sie aus dem Gebüsch und fragt sich, ob er sich ihnen anschließen oder sie töten soll, damit sie die neuen, friedlicheren Menschen nicht bedrängen oder sogar auslöschen. Wir erfahren nicht, wie er handelt, aber wir ahnen es (der letzte Satz lautet: *Stunde null, denkt Schneemensch. Zeit zu gehen.*) Ein genialer Kunstgriff von Atwood, denn nun fragen wir uns als Leser, wie wir entschieden hätten.

Die meisten meiner Romane enden auf bittersüße Art: Etwas Schlimmes ist geschehen, doch es gibt Hoffnung oder es hat sich sogar ein Kreis geschlossen. Aber in meinem Thriller *Und keiner wird dich kennen* habe ich mich für ein richtiges Happy End entschieden. Die

Hauptfiguren des Romans, Maja und ihre Familie, gehen durch die Hölle, und der Leser begleitet sie – zum Schluss braucht man es nach vielen beklemmenden Szenen, sich einfach für Maja freuen zu können.

Ein paar Fragen zum Schluss Ihres Manuskripts:

- Welche Stimmung wünschen Sie sich für den Schluss? Wenn Sie noch nicht sicher sind, ob Sie diese Stimmung erreicht haben, ändern Sie ihn so lange, bis Sie zufrieden sind. Am wichtigsten sind die letzte Seite und der letzte Absatz, hier muss jedes Wort sitzen. Wenn Sie es geschafft haben, einen Leser zum Weinen zu bringen, ist das ein Riesenkompliment, aber es klappt nicht immer.
- Überrascht der Schluss Ihre Leser? Nicht unbedingt nötig, aber schön besonders bei Krimi und Thriller.
- Fühlt sich der Schluss »rund« an, hat sich vielleicht ein Kreis zum Anfang geschlossen?
- Ist der Schluss ausführlich genug, dass sich Ihre Leser in Ruhe von den Figuren verabschieden können? Ich musste in der Vergangenheit Kritik einstecken, weil mir mancher Schluss zu abrupt geraten ist, und will Ihnen das ersparen …

Kurzgeschichte

»Ein Kunstwerk kann sozusagen nicht kurz genug sein, denn auf seiner gedrängten Kürze beruht sein Wert.«
Gilbert Keith Chesterton

In diesem Kapitel fasse ich mich kurz, denn viele Regeln, die fürs Romanschreiben gelten, kann man auf die Kurzgeschichte übertragen – wie man eine lebendige Figur erschafft beispielsweise. Doch es gibt auch Unterschiede. Für einen Roman braucht man Dutzende von einzelnen Ideen – für die Kurzgeschichte genügen eine Grundidee und ein paar Einfälle zu den Figuren. Ein Roman hat viele Spannungsbögen, die Kurzgeschichte nur einen. Und der Platz, den Sie zur Verfügung haben, ist viel knapper, obwohl Sie eine ausufernde Kurzgeschichte immer noch zur Erzählung umtaufen können. Besser ist in der Short Story, Sie erzählen straff, knapp und auf den Punkt. Das bedeutet, Sie müssen Ihren Text bis aufs Äußerste verdichten, bis kein Wort mehr überflüssig ist.

Ortswechsel, Parallelhandlungen und Rückblenden werden in Kurzgeschichten selten genutzt, dafür können Perspektivwechsel sehr lohnend sein, wie zum Beispiel in meiner Story *Catwalk*: Eine schöne Frau reißt sich in einem Café die Leopardenbluse vom Leib. Was ist hier eigentlich los? Mona, Fred und Stella erzählen – und obwohl jeder ein Stückchen Wahrheit beiträgt, ahnt keiner von ihnen, was wirklich in den Köpfen der anderen Beteiligten vorgeht. Das gibt der Geschichte ihren Reiz. Erst zum Schluss erfährt man aus den Gedanken der Frau, Stella, was die wirklichen Beweggründe waren.

Gehen wir ans Selbstlektorat Ihrer Kurzgeschichte:

- Können Sie in einem Satz sagen, worum es in Ihrer Geschichte geht? Ist das eigentliche Thema vielleicht unter der Oberfläche verborgen, so wie in den Kurzgeschichten Hemingways?
- Was macht den Reiz Ihrer Story aus? Ist die Idee originell, die Handlung berührend, sind die Figuren ungewöhnlich? Oder regt sie eher zum Nachdenken an? Gibt es einen interessanten Grundkonflikt, dessen Auflösung man erfahren möchte? Fällt Ihnen dazu nichts ein, sollten Sie das Profil Ihrer Geschichte noch etwas schärfen und vielleicht zusätzliche Einfälle einbauen.
- Steigen Sie sofort in die Handlung ein? Da Sie wenig Platz zur Verfügung haben, eignet sich ein ausufernder, stark beschreibender Anfang nicht für eine Kurzgeschichte.
- Hat Ihre Kurzgeschichte nur einen Erzählbogen oder mehrere? (In letzterem Fall ist es eine Erzählung …) Packen Sie die Geschichte nicht zu voll, konzentrieren Sie sich lieber auf ein einziges Ereignis, eine Szene, eine Begegnung!
- Haben Sie die Figuren kurz und treffend beschrieben?
- Haben Sie den Schauplatz kurz und treffend, mit ausreichend Sinneseindrücken beschrieben?
- Ist Ihre Geschichte in sich abgeschlossen? Nicht selten haben Short Storys eine unerwartete Schlusspointe, das muss aber nicht sein.
- Kürzen Sie die Geschichte jetzt bitte um mindestens ein Fünftel! Die meisten Storys profitieren davon. Nur wenn Sie zu den Autoren zählen, die sich ohnehin sehr kurz fassen, lassen Sie diesen Arbeitsschritt aus.

Nonfiction

»Ich glaube mehr an die Schere als an den Stift.«
Truman Capote

Sachbuch

»Besser, als sich an Trends zu orientieren, ist es, sich als Autor langfristig mit einem bestimmten Thema einen Namen zu machen.«
Sonja Klug

Bei Sachbüchern ist es üblich, Konzept und Gliederung erst mit dem Verlag abzusprechen, bevor man loslegt. Vielleicht haben Sie das schon getan. Oder aber Sie haben das Manuskript schon fertig, dann kann es sein, dass Sie das Projekt nach den Wünschen des Lektorats noch abändern müssen. Vielleicht wollen Sie das Buch selbst herausgeben? Dann sollten Sie besonders kritisch mit Ihrem Manuskript sein.

Wie haben Sie Ihr Thema angepackt?

Als Erstes sollten Sie einen Blick auf Ihr Thema werfen und die Art, wie Sie es angepackt haben.

- Ist Ihr Thema für andere interessant (am besten für möglichst viele andere)? Wen könnte Ihr Buch interessieren?
- Hat Ihr Buch eine klare Botschaft und einen deutlichen, vielleicht sogar kontroversen Standpunkt (den Sie gut begründen)? Wenn nicht, sollten Sie Ihre These noch etwas zuspitzen. Als ich noch beim Campus Verlag arbeitete, habe ich das auf vielen Lektoratssitzungen gehört: »Hm, will der Autor wirklich eine ausgewogene Darstellung? Könnte er nicht einen Standpunkt vertreten? Bücher, die provozieren, laufen besser!« Beispiel: Manfred Spitzers Buch *Digitale Demenz. Wie wir uns und unsere Kinder um den Verstand bringen*.
- Hat Ihr Buch einen Nutzwert? Was bringt es konkret, es zu lesen? Das ist besonders wichtig bei Ratgebern. Bei Fachbüchern tragen

Sie zum gesammelten Wissen dieses Fachs oder zur Ausbildung bei. Bei Sachbüchern, die sich mit gesellschaftlichen und wirtschaftlichen Themen beschäftigen, kann der Nutzwert im »Aha-Effekt« liegen und in wertvollem Hintergrundwissen. Der Nutzwert »Gute Unterhaltung« ist bei Sachbüchern nicht nur erlaubt, sondern erwünscht. Denken Sie nur an *Die Leber wächst mit ihren Aufgaben – Komisches aus der Medizin* von Eckart von Hirschhausen.

- Gibt es schon etwas zum Thema, und haben Sie Ihr Projekt so geplant, dass es sich von bereits existierenden Büchern abhebt? Was ist an Ihrem Buch anders und neu?
- Zieht sich dieser neue Aspekt durch das ganze Manuskript, haben Sie ihn oft genug angesprochen?
- Was könnten Sie im Manuskript ändern, um das Buch stärker von der Konkurrenz abzuheben?

Haben Sie ausreichend recherchiert?

Ein Erstautor zeigte mir mal sein gerade im Selbstverlag erschienenes Sachbuch, und ich fragte ihn interessiert, wie er denn recherchiert habe. »Ich habe zwei Bücher zum Thema gelesen«, erklärte er stolz, und ich war entsetzt. Es ging um ein historisches Thema, normalerweise ist die Recherche dafür extrem aufwendig!

Gerade habe ich mal durchgezählt, wie viele Recherche-Bücher, die ich für meinen neuesten Jugendroman *(Im Bann des Vulkans)* gelesen habe, in meinem Regal stehen: 36. Hinzu kamen etwa sechs bis sieben Interviews mit Experten. Bei meinen Sachbüchern für Erwachsene, zum Beispiel dem *Autoren-Handbuch* oder *Welche Selbständigkeit passt zu mir?*, war es meist umgekehrt. Ich nutzte etwa 15 Sekundärwerke, die ich durch 30 Interviews ergänzte, um Original-Zitate und Fallbeispiele zu bekommen. Denn die sind für Sachbücher sehr wichtig, um das Thema anschaulich zu machen – es gibt ja nicht wie im Roman Handlung und Figuren, die für Lebendigkeit sorgen. Zitate baue ich im Sachbuch meist in einer journalistischen Form ein, hier zwei Auszüge aus meinem Existenzgründerbuch:

> Am einfachsten ist es, sich mit der Leistung selbständig zu machen, die Sie bisher schon als Angestellter erbracht haben. »So etwas hat Vorteile. Man kennt sich in der Branche aus, hat alle nötigen Kenntnisse und Kontakte, um sein Business zum Laufen zu bringen«, erklärt Hermann Steindl, Geschäftsführer des Büros für Existenzgründungen in der Agentur für Arbeit München. »Zum Beispiel muss man in manchen Branchen einfach die Vergabepraxis bei Ausschreibungen kennen, sonst hat man kaum eine Chance, den Auftrag zu gewinnen.«
> (...)
> Ähnlich ging es Peter Metzinger, der sein Campaining-Konzept zunächst Non-Profit-Organisationen anbieten wollte. »Ich habe zu Anfang den Fehler gemacht, Annahmen über den Markt anhand der Zahlen der Gewerkschaftsbüros zu treffen. Es war eine einfache Rechnung: Es gibt soundso viele Büros mit soundso vielen Mitarbeitern und soundso viel Weiterbildung«, erzählt er. »Ich hätte einfach mit einem der Büros telefonieren sollen, dann hätte ich gemerkt, dass diese Gleichung nicht aufgeht. Denn pro Büro wurde deutlich weniger Fortbildung genehmigt, als ich dachte.« Er hatte Glück – der Markt, den er anpeilte, war zwar kleiner als erwartet, dafür trafen unverhofft Aufträge von Unternehmen ein.

Manchmal koppele ich – je nach Buchkonzept – Fallbeispiele oder Interviews als Kästen im Text aus. In meinem Jugendsachbuch *Cowboys, Gott und Coca-Cola – die Geschichte Amerikas* zum Beispiel gibt es nicht nur Kästen mit wichtigen Grundinformationen, sondern zusätzlich Kästen mit Originalzitaten von Zeitzeugen, um spürbar zu machen, wie sich die jeweilige Zeit »anfühlte«.

Bei manchen Sachbüchern wird am Ende die Bibliografie, also die verwendete Literatur, aufgelistet – das mache ich in Romanen nicht, aber schon aus meinen Danksagungen wird deutlich, wen ich für das Projekt alles interviewt habe und wie ich zum Teil vor Ort recherchiert habe. Das kommt schon bei Ihrem ersten Leser, dem Lektor, übrigens besser an als die Aussage: »Recherche? Ja, ich habe mich ausführlich im Internet umgesehen …«.

Obwohl ich gedruckte Bücher sehr gerne bei der Recherche nutze, sind sie manchmal nicht aktuell genug. Als ich für mein Kindersachbuch zum Thema *Wale und Delfine* über das Horn des Narwals recherchiert habe, gab es in gedruckter Form nur die Standard-Infos, während ich im Internet neueste und sehr überraschende Forschungsergebnisse dazu fand. Hätte ich die alten Informationen verwendet, ich hätte mich blamiert.

Wie schnell die Veränderung der Welt Buchwissen überholt, merke ich hin und wieder an meinen eigenen Werken: Noch während mein Kindersachbuch zum Thema *Wale, Delfine und Haie* gedruckt wurde, haben Forscher die Delfinart, die ich im Buch noch als seltenste Delfinart der Welt beschrieben hatte, für endgültig ausgestorben erklärt.

Jetzt aber zu Ihrem Projekt:

- Ging Ihre Recherche über das Nachforschen im Internet hinaus?
- Kennen Sie die wichtigsten Bücher, die über das Thema geschrieben wurden?
- Haben Sie mit Experten und – je nach Thema – mit Betroffenen gesprochen, damit Sie Zitate oder komplette Interviews in den Text einbauen können?
- Haben Sie neueste Forschungsergebnisse einbezogen?
- Haben Sie Internet-Quellen kritisch geprüft? Sie wissen ja, dort kursieren viele falsche Informationen. Erst wenn mehrere seriöse Quellen das Gleiche behaupten, können Sie es übernehmen.
- Wissen Sie, was in »Ihrem« Themenbereich gerade gesellschaftlich und/oder politisch passiert?

Wenn Sie beim Beantworten dieser Fragen ein mulmiges Gefühl überkommt – nicht so schlimm, Sie können nachrecherchieren. Zu spät ist es erst, wenn Sie das Manuskript abgegeben haben (dann kann es sein, dass der Verlag einen schlechten Eindruck davon hat) beziehungsweise wenn es schon gesetzt wurde und gerade gedruckt wird.

Achtung, fremde Quellen!

Gewöhnlich liest man, bevor man ein Buchprojekt anpackt, stapelweise Material zum Thema durch. Aber bevor Sie anfangen zu schreiben, sollten Sie diese Bücher wegpacken und die Textfenster schließen. Und jetzt, nach Abschluss des Manuskripts, sollten Sie es genau daraufhin durchsehen, ob noch fremde Textpassagen ohne ausreichenden Nachweis darin sind. Damit Ihnen nicht versehentlich ein Plagiat durchrutscht. Denn so etwas gibt Ärger.

So gehen Sie richtig mit fremden Quellen um: Fakten dürfen Sie übernehmen, aber Ihr Text muss selbst geschrieben sein und darf sich nicht an einen fremden Text anlehnen. Ihn nur etwas umzuformulieren reicht nicht. Berichten Sie über eine Meinung, eine Theorie oder Forschungen, sollten Sie erwähnen, von wem diese Meinung/Theorie stammt (»Der chilenische Forscher XY hat herausgefunden/glaubt, dass …«). Es darf nicht der Eindruck entstehen, dass fremde Erkenntnisse Ihre eigenen seien.

Kurze wörtliche Zitate – also wenige Zeilen umfassende – können Sie in Anführungszeichen setzen und mit Nennung der Quelle verwenden. Sie brauchen niemanden um Erlaubnis fragen, sofern Sie sich mit dem zitierten Text auseinandersetzen. Es kommt entscheidend auf den thematischen Zusammenhang an. Wenn das mit der Nennung nicht in den Fließtext passt, können Sie sie in den Fußnoten erwähnen. Da ein Sachbuch mit vielen Fußnoten jedoch abschreckend auf Leser wirkt, ist es schöner, all diese Nachweise als Endnoten am Schluss des Buchs zu sammeln, am besten nach Kapiteln gegliedert. In einem Quellen-/Literaturverzeichnis am Schluss Ihres Buchs listen Sie dann komplett auf, welche Werke Sie bei der Recherche mit einbezogen haben.

Tipp: *Beim Urheber anfragen müssen Sie, wenn Sie zum Beispiel aus Songtexten zitieren. Auch längere wörtliche Zitate erfordern eine Abdruckgenehmigung. Wo die Grenze liegt, ist nicht klar geregelt, sondern Ermessensfrage. Wenige Sätze sind meist als Kleinzitat erlaubt, erstreckt sich das Zitat jedoch über eine ganze Buchseite, sollte man eine Genehmigung einholen.*

Ist der Aufbau klar und logisch?

Eine gute Gliederung ist für ein Sachbuch extrem wichtig. Passt die Gliederung, dann wissen Sie beim Schreiben genau, wo Sie hinwollen. Ihr fertiges Manuskript vermittelt einen systematischen Eindruck, und auch Ihre späteren Leser spüren, ob ein Sachbuch gut aufgebaut ist oder ob die Gliederung unlogisch und willkürlich ist. Deshalb ein paar Fragen dazu:

- Machen Sie mit der Einleitung neugierig auf den Inhalt des Buchs, geben Sie einen hilfreichen ersten Überblick?
- Haben Sie in Ihrem Buch einen großen argumentativen Bogen gespannt, den Sie Schritt für Schritt untermauern, oder verlieren Sie sich zu früh in Details? Welche Argumentationsform haben Sie gewählt, passt sie zum Thema? (Der klassische dialektische Aufbau ist These = Antithese = Synthese.)
- Lesen Sie sich das Inhaltsverzeichnis/die Gliederung durch: Ist die Reihenfolge der Kapitel logisch? Benötigt man eventuell für ein Kapitel Vorwissen, das Sie erst in einem späteren Kapitel behandeln?
- Gefällt Ihnen, wie Sie das Thema in Kapitel unterteilt haben, oder sind Sie an einem bestimmten Punkt noch unsicher?
- Was ist mit den Unterkapiteln – sollten manche davon noch den Platz tauschen?
- Sind Ihre Kapiteltitel nüchtern-beschreibend (gut für ein wissenschaftliches Buch) oder locker formuliert (beim allgemeinen Sachbuch angebracht)? Machen sie neugierig auf den Inhalt?
- Haben Sie die Kapitel passend nummeriert? Im Fachbuch sind Nummerierungen wie »3.2.4« gängig, Leser eines allgemeinen Sachbuchs bekommen von so etwas einen allergischen Ausschlag.
- Ist der Umfang ähnlich wie bei anderen Büchern dieser Art? Wenn Ihr Buch sehr viel dünner oder sehr viel dicker ist, sollten Sie dafür gute Gründe haben.

Wenn Sie noch unsicher sind, was den Aufbau/die Gliederung Ihres Buchs angeht, dann beschaffen Sie sich Karteikärtchen in drei unterschiedlichen Farben und schreiben Sie Stichworte darauf – auf die Kärtchen in der einen Farbe die Oberkapitel, auf andersfarbige Kärtchen die Unterpunkte und auf die dritte Farbe alle anderen Inhalte. Wenn Sie diese Kärtchen jetzt auf einem großen Tisch oder dem Fußboden auslegen, haben Sie die Struktur Ihres Buchs vor Augen und können leicht etwas daran ändern.

Manche Kapitel, Unterpunkte oder Inhalte müssen Sie vermutlich mehrmals verschieben, bis Sie das Gefühl haben »Das passt!« Sie sehen jetzt auch gleich, wenn ein Kapitel aus den Nähten platzt (eventuell in zwei Kapitel aufteilen) und ein anderes mit wenigen Unterpunkten noch etwas schwächlich wirkt. In dieses Diagramm lassen sich leicht neue Ideen integrieren. Hilfreich ist es, diese Übung zu zweit durchzuführen und dabei mit Freunden oder Gleichgesinnten ein Brainstorming zu machen.

Steht die Kärtchen-Gliederung schließlich, schreiben Sie sich die Stichworte einfach in der richtigen Reihenfolge ab und setzen Sie sie im Manuskript um.

Haben Sie die Bedürfnisse der Zielgruppe abgedeckt?

Im Unterschied zu einem Roman schreibt man ein Sachbuch gewöhnlich nicht für sich selbst, außer es handelt sich um eine Autobiografie. Beim Sachbuchschreiben stelle ich mir oft vor, wie Menschen aus meiner Zielgruppe – einige von ihnen kenne ich meist – das Buch lesen. So habe ich bei der Buchentstehung viele unsichtbare Begleiter.

Wichtig ist beim Sachbuch immer, immer, immer an Ihre späteren Leser zu denken. Daran muss man sich regelmäßig erinnern, wie auch die Autorin und Lektorin Rita Steininger feststellte. »In meinem Exposé zum Kommunikationsratgeber *Eltern lösen Konflikte* hatte ich die Gliederung in einen Theorie- und einen Praxisteil unterteilt«, erzählt sie. »Der Theorieteil sollte erst einmal alle relevanten Kommunikationsmethoden und -modelle vorstellen, bevor es dann praktisch zur Sache gehen sollte. Mein Lektor hat sofort protestiert: Das Buch sollte ja ein Elternratgeber werden – und welche jungen Eltern arbeiten sich schon durch zig Seiten Theorie, bevor sie endlich praktischen Rat bekommen? Der Einwand war nicht nur berechtigt, er hat mir geholfen, die neue Gliederung so anzulegen, dass sie als perfekter Fahrplan fürs Schreiben herhalten konnte.«

Ein paar Fragen zum Thema Zielgruppe:

- Ist Ihr Buch genau das, was die Zielgruppe braucht und/oder will? Fragen Sie sich bei jedem Kapitel und Unterpunkt: »Interessiert das die Zielgruppe, ist ihr das vermutlich wichtig?« Jedes Mal, wenn die Antwort »nein« lautet, raus damit.
- Jetzt lautet die Frage andersherum, was könnten sich die Leser noch von Ihrem Buch wünschen? Der Leser ist König – fragen Sie sich: »Womit kann ich ihm noch dienen?« und bieten Sie zum Beispiel einen großzügigen Anhang mit zusätzlichen Infos, Adressen, Glossar, kommentierter Leseliste …
- Haben Sie genügend Fallbeispiele und Zitate im Manuskript? Leser lieben Fallbeispiele, sie machen abstrakte Fakten greifbar und schlagen den Bogen zum wirklichen Leben.
- Bei Ratgebern: Bieten Sie genug konkrete Tipps und Hilfestellung?

Passen Ton und Sprache?

Man kann ein Sachthema auf sehr unterschiedliche Weise anpacken, und in sehr unterschiedlichem Ton – zum Beispiel in einem eher nüchternen sachlich-berichtenden oder einem locker-persönlichen (wie in diesem Buch) mit direkter Ansprache der Zielgruppe.

Versuchen Sie, den Ton Ihres Sachbuchs erst einmal so gut es geht selbst einzuschätzen:

- Ist Ihre Sprache für die Zielgruppe genau richtig – ob nüchtern-fachlich, journalistisch-lebendig, packend authentisch oder locker-witzig? Oder hat sich ein zu steifer Ton eingeschlichen, wie wir ihn leider im Studium und in vielen Berufen beigebracht bekommen? Wie sieht's mit den Fachwörtern aus, haben Sie die meisten vermieden (außer, wenn Sie für Fachkollegen schreiben)?

- Berichten Sie eher oder sprechen Sie den Leser direkt an (das ist zum Beispiel in Ratgebern sinnvoll)? Duzen oder siezen Sie Ihre Leser, passt das zur Zielgruppe?

Am besten ist, Sie suchen sich für ein, zwei Kapitel Ihres Buchs Testleser, damit die Ihnen berichten können, ob sie den Ton angenehm und zum Thema passend fanden oder nicht.

Ist die Gestaltung abwechslungsreich?

Es gibt hervorragende Sachbücher, die aus einem durchgehenden Fließtext bestehen. *Stasikinder. Aufwachsen im Überwachungsstaat* von Ruth Hoffmann beispielsweise fand ich spannend wie einen Krimi (und beklemmend). Doch eine abwechslungsreiche Gestaltung lädt noch mehr dazu ein, in Ihr Buch hinein zu lesen. Dazu eignen sich zum Beispiel Infokästen, komplett abgedruckte Interviews oder Bilder (aber nicht zu viele, der Druck wird sonst zu teuer). In Ratgebern können Sie sich noch mehr austoben: Selbsttests, Aufzählungen, Tipp-Kästen, Buchempfehlungen, Rezepte und so weiter. Der Leser wird nicht nur informiert, sondern eingebunden, er kann und soll aktiv werden.

Wie haben Sie es gemacht? Gibt es noch Elemente, die gut passen würden, oder wollen Sie – wie Ruth Hoffmann – den Lesefluss nicht durch Info-Häppchen unterbrechen?

Autobiografien

»Jede Autobiographie beruht auf einem enormen Auswahlprozess. Die Details, die ich nicht vergessen will, bringen mich zum Schreiben.«
Orhan Pamuk

Das eigene Leben in ein Buch zu verwandeln, ist eine faszinierende Arbeit. Hier ein paar Fragen zu Ihrem Werk:

- Haben Sie den roten Faden Ihres Lebens gefunden und herausgearbeitet? Was war das Motto oder Hauptthema Ihres Lebens, Ihre große Leidenschaft, Ihr Schicksal? Das könnte auch in den Buchtitel einfließen.
- Haben Sie bei dem, was Sie erzählen wollen, Schwerpunkte gesetzt und Banales wie zum Beispiel gewöhnliche Urlaube weggelassen?
- Was ist beispielhaft an Ihrem Leben? Sind Sie Zeuge einer interessanten Zeit oder wichtiger Ereignisse gewesen? Kannten Sie oder Ihre Familie Menschen, die prominent waren oder sind? Das entscheidet mit darüber, wie viele Menschen Ihr Buch lesen wollen.
- Haben Sie sämtliches Material wie Ihre Tagebücher, Zeugnisse und erhaltene Briefe gesichtet? Fehlt etwas, oder gibt es zeitliche Lücken?
- Haben Sie mit Verwandten, Freunden und Kollegen gesprochen, um Erinnerungen aufzufrischen oder zu erfahren, welche anderen Sichtweisen es auf gemeinsame Erlebnisse gibt? Natürlich dürfen Sie Ihr Leben selbst deuten und so beschreiben, wie Sie es möchten, aber manchmal ist es interessant mit aufzunehmen, wie andere Menschen einen erlebt haben. Außerdem trügt hin und wieder die Erinnerung, und mit Weggefährten zu sprechen kann helfen, beispielsweise die Abfolge von Ereignissen zu klären.

- Haben Sie wörtliche Rede im Manuskript? Wenn nicht, ist das sehr, sehr schade, denn Dialoge machen nicht nur Romane, sondern auch (Auto-)Biografien deutlich lebendiger und besser lesbar. Es ist nicht nötig, dass Sie sich wirklich wortgetreu an eine Unterhaltung erinnern, es reicht, wenn Sie sie sinngemäß wiedergeben. Auch nachträglich einige Passagen in wörtliche Rede umzuformen, lohnt sich!
- Macht der Anfang Ihres Manuskripts neugierig darauf, weiter zu lesen? Erzählen Sie den Hauptteil so, dass man gerne dabeibleibt, vielleicht sogar wie bei einem Roman? Ist der Schluss rund und nicht zu abrupt?
- Haben Sie Fotos eingefügt? Jemand, der Sie nicht kennt, ist neugierig auf die »Hauptfiguren« Ihrer Geschichte. Und für Leser aus Ihrer Verwandtschaft sind die Fotos wichtige Erinnerungsstücke.
- Haben Sie Namen von noch lebenden Personen, die auf negative Art erwähnt werden, verfremdet? Das ist sinnvoll, um Rechtsstreite zu vermeiden. Autorisieren lassen müssen Sie Passagen übrigens nicht, außer es ist Ihnen persönlich wichtig.

Journalistische Texte[3]

»Wir müssen zu schlanken, aufgeräumten Sätzen kommen, direkt zur Nachricht, nicht zu Nebenschauplätzen; hin zu logischer Gedankenabfolge, zu konkreter und genauer Sprache.«
René Cappon

Für Autoren gibt es keine Ausbildung – für Journalisten schon. In einer Journalistenschule oder einem Volontariat lernen sie, wie man richtig recherchiert, Nachrichten, Reportagen, Porträts und Glossen schreibt, mit widerspenstigen Interviewpartnern umgeht und vieles mehr. Doch natürlich können Sie auch ohne entsprechende Ausbildung journalistische Texte schreiben und veröffentlichen. Hilfreich ist es dabei, wenn Sie bereit sind, Ihre Texte gründlich zu überarbeiten – auch wenn Sie »nur« vorhaben, sie schnell mal auf Ihren Blog zu stellen – und dazuzulernen, wenn sich die Chance dazu bietet. Wenn Sie einen ausgebildeten Journalisten oder einen erfahrenen Rezensenten/Blogger dazu bewegen können, über Ihren Text zu schauen und Ihnen Hinweise zu geben, dann ist das ein Glückstreffer. Durch solches Feedback können Sie eine Menge lernen.

Tipp: Lesen Sie möglichst viele hervorragende Artikel (zum Beispiel in überregionalen Zeitungen oder Zeitschriften), damit Sie sich an guten Vorbildern orientieren und sich abschauen können, wie es die Profis machen.

3 Es gibt viele journalistische Textformen. Aus Platzgründen lege ich den Schwerpunkt auf vier davon, den allgemeinen Artikel/Bericht, die Reportage, den Kommentar und die Rezension.

Jetzt aber zu Ihrem fertigen Artikel. Stellen Sie sich zunächst einige grundlegende Fragen:

- Zieht der Anfang in Ihren Text hinein, macht er neugierig darauf, weiterzulesen? Banale Anfänge wie »Immer mehr Menschen ...« vermeiden Sie besser.
- Ganz ehrlich: Ist der Aufbau logisch oder noch etwas unsystematisch, vielleicht sogar wirr? Falls Sie es schwierig finden, den Artikel schlüssig aufzubauen, machen Sie sich vorher Notizen zur Gliederung.
- Prüfen Sie die Überleitungen: Leitet der letzte Satz eines Abschnitts zum Anfang des nächsten Abschnitts über, so dass der Leser förmlich durch den Text gleitet? Beispiel aus einem meiner Artikel für die Süddeutsche Zeitung:

> In anderen Ländern betrachtet man den Hang der Deutschen zu englischen Ausdrücken verwundert. »Ich finde es erstaunlich, dass die Deutschen das zulassen«, meint Tony Chambers, ein Ire, der fünf Jahre in Deutschland verbracht hat und jetzt in London für einen Filmkonzern arbeitet. »Ich würde es ja noch verstehen, wenn das deutsche Wort sehr kompliziert wäre, aber wenn es ein gleich gutes Wort gibt, begreife ich es nicht so recht. Ich vermute, dass sich das Englische einfach toll anhört.« Ein Viertel der Deutschen teilt seinen Standpunkt und findet die Entwicklung der Sprache »besorgniserregend«, ein weiteres Drittel »teilweise bedenklich« – das stellte das Institut für Deutsche Sprache 1997 in einer Umfrage fest.

- Haben Sie ausreichend recherchiert, nicht nur im Internet, sondern am besten auch durch Interviews mit Experten und Betroffenen? Haben Sie dabei neueste Fakten einbezogen? Haben Sie Internet-Quellen mehrfach überprüft?
- Enthält Ihr Artikel Zitate? Wenn ja, sehr gut, denn auch hier machen Zitate einen Text lebendiger, schon aus diesem Grund sind bei der Recherche Interviews wichtig. Höchstens Kommentare oder Rezensionen kommen ohne Zitate aus, bei allen anderen Artikeln sind sie

Pflicht. Nicht vergessen: Zitate sollte man, bevor sie veröffentlicht werden, zur Freigabe an die zitierte Person schicken.

- Ist der Schluss rund oder könnte man beim Lesen denken: »Wo ist denn der Rest des Texts? Kommt da noch was?«
- Haben Sie sich an die vereinbarte Länge gehalten? Sie sollten nicht 4000 Zeichen abliefern, wenn nur 3000 Zeichen vereinbart waren. Aber zu kurz sollte Ihr Artikel auch nicht sein. Eine Buchrezension von zehn Zeilen ist kaum mehr als eine pauschale Bewertung und wird viele Internet-Nutzer nicht zufriedenstellen, weil sie in Blogs ausführlichere Urteile gewohnt sind.

Tipp: Normalerweise werden die Zeichen inklusive Leerzeichen gezählt, das macht einen großen Unterschied bei der Textlänge. Wenn Sie nicht sicher sind, fragen Sie besser nach.

Bei verschiedenen journalistischen Textformen gibt es unterschiedliche Dinge zu beachten – darum geht es in den nächsten Unterkapiteln.

Artikel/Bericht

Artikel kann man über praktisch alles schreiben. Der Mehrwert für den Leser besteht darin, dass Sie sich die Zeit genommen haben, gründlich nachzuforschen und die Informationen klar und übersichtlich aufzubereiten. Aus einem Artikel im *Spiegel* über die »Elektronische Fußfessel« und die Erfahrungen damit:[4]

> Zigtausende Gefangene weltweit sitzen nicht in Gefängnissen aus Stein, sondern aus Funksignalen. Elektronische Fußfesseln überwachen allein in Großbritannien rund 20 000 Straftäter, in den USA 11 000. In Deutschland sind es bislang weniger als 50, aber die Zahl steigt rapide. (…) Immer wieder gerät die Überwachungstechnik in die Kritik. Teils lasse sie sich einfach

4 Der Spiegel 15/2013 (8.4.2013)

> übertölpeln, kritisierte ein kalifornischer Untersuchungsbericht, aus dem die Los Angeles Times Ende März zitierte, teils reiche Alu-Folie, um die Satellitenortung zu verwirren. Auch die Urväter des Tele-Strafvollzugs sind unzufrieden. »Unsere Erfindung wird völlig falsch eingesetzt«, klagt Robert Gable, ein freundlicher Herr, der im nächsten Jahr 80 wird. (…)

Schlicht, aber gelungen: Der Autor hat Zahlen, Fakten und Zitate parat und strickt daraus einen interessanten Text, der nachdenklich macht. Sehr beliebt ist übrigens ein Reportageeinstieg, in dem zum Beispiel ein Ereignis geschildert oder etwas anschaulich gezeigt wird, anschließend folgt die Überleitung zum erklärenden Sachtext.

Jetzt aber zu Ihrem Artikel:

- Kennen Sie sich mit den Dingen aus, über die Sie schreiben? Wenn ja, können Sie Informationen über dieses Thema gut einschätzen und gewichten. (Aber Achtung, protzen Sie nicht mit Ihrem Wissen und erschlagen Sie den Leser nicht mit Infos, sondern schreiben Sie wirklich nur, was Ihre Leser interessieren könnte.) Oder ist es das erste Mal, dass Sie sich mit dem Thema beschäftigen? Dann sollten Sie besonders gründlich recherchieren und den Text eventuell einem Experten oder einer Expertin zum Gegenlesen geben, bevor Sie ihn veröffentlichen.
- Vermittelt Ihr Text neue, interessante Fakten, oder wiederholen Sie nur Dinge, die den meisten Menschen schon bekannt sind? Am besten ist, wenn man die von Ihnen berichtete Neuigkeit in einem Satz zusammenfassen kann, der sogar durchs halbe Haus gerufen noch verständlich ist. Das nennen Profis den »Küchenruf-Faktor«: »Schatz, hast du schon gewusst, dass manche Krankheitserreger Ameisen in den Selbstmord treiben?«.
- Falls Sie ein gängiges Thema behandeln, haben Sie einen neuen Blickwinkel oder Aspekt gefunden, der als »Aufhänger« dienen kann?
- Liefern Sie all die Informationen, die der Leser wahrscheinlich haben möchte und braucht, um sich eine eigene Meinung zu bilden? Oder bleiben Fragen offen?

- Schreiben Sie gut verständlich und ohne komplizierte Fachbegriffe, haben Sie für Zahlen und Größenordnungen anschauliche Vergleiche gefunden?
- Vermischen Sie Bericht und Kommentar? Üblich ist, einen Artikel möglichst neutral zu formulieren und darin nicht die eigene Meinung kundzutun (die hat Platz in der journalistischen Form des Kommentars). Kontroverse Meinungen können Sie über Zitate von Interviewpartnern in den Text einbringen.
- Wenn Sie einen kritischen Artikel schreiben, sollte darin auch der Kritisierte zu Wort kommen dürfen. Bitten Sie ihn um eine Erklärung beziehungsweise seine Sichtweise der Dinge. Schnaubt er nur »Kein Kommentar«, schreiben Sie, dass derjenige die Ereignisse nicht kommentieren wollte. Schaltet er sein Telefon ab, können Sie schreiben, dass derjenige für eine Stellungnahme bis zum Redaktionsschluss nicht zu erreichen war.

Reportage

Als Reporter oder Reporterin sind Sie vor Ort, durch Ihre Reportage können Leser Sie begleiten und einen spannenden Einblick gewinnen. Kleiner Auszug aus Karin Steinbergers Reportage über die indische Pink Sari Gang: [5]

> Manchmal weiß sie selber nicht mehr, was in sie gefahren ist an diesem Tag. Ist ja schon lange her. Aber als Sampat Pal das erste Mal einen Mann schlug, war sie selbst überrascht, wie leicht das geht. Und das Beste ist: Fast keiner schlägt zurück. Die staunen nur.
> So fing sie an, die Geschichte. Mit einer Tracht Prügel. Und jetzt? Jetzt muss sie erst mal die Männer verteidigen. Und Indien. »Bei euch gibt es doch auch Vergewaltiger!« Ein Blick wie ein Flammenwerfer. »Aber jetzt lästern alle über die indi-

5 Erschienen am 12.4. 2013 in der Süddeutschen Zeitung, Titel »Du kriegst Ärger«

schen Männer, über das Vergewaltiger-Land, was soll das?«
(…)

Los geht es mit dem Selbstlektorat Ihrer Reportage:

- Vermitteln Sie Atmosphäre und Sinneseindrücke?
- Kann man sich den Ort des Geschehens bildhaft vorstellen?
- Werden die Menschen, über die Sie schreiben, im Text lebendig und vorstellbar? Haben Sie viele Zitate eingebaut?
- Sind Sie den Ereignissen und Menschen, über die Sie schreiben, wirklich nahe gekommen, oder kratzen Sie nur an der Oberfläche? Wenn Sie das Gefühl haben, letzteres könnte der Fall sein, dann sollten Sie noch einmal nachhaken und weiter recherchieren. Haben Sie den Mut, unbequeme Fragen zu stellen!
- Treten Sie als Person im Artikel in Erscheinung? In der klassischen Reportage ist das nicht üblich, hier schildert der Berichterstatter seine Eindrücke, ohne das Wort »Ich« in den Mund zu nehmen. Wenn Sie einen persönlich gefärbten Bericht schreiben, dürfen Sie gerne sich selbst, Ihre Erlebnisse und Erinnerungen einfließen lassen.

Kommentar

Im Kommentar können Sie nach Herzenslust Ihre Meinung kundtun. In der Süddeutschen Zeitung beispielsweise findet Cerstin Gammelin:[6]

Europas Politiker versuchen, ihr Versagen beim Schließen von Steuerschlupflöchern durch Ad-hoc-Initiativen und gegenseitige Schuldvorwürfe zu verschleiern. Doch anders als Berlin, Wien oder London behaupten, gibt es nur einen Grund, weshalb geheime Konten existieren können – weil es die Regeln des europäischen Binnenmarkts erlauben. (…)

6 Erschienen am 12.4.2013 in der Rubrik Meinung, Titel »Selbstgebohrte Schlupflöcher«

Fragen zu Ihrem Kommentar:

- Haben Sie Ihre Meinung gut begründet und durch Fakten (möglichst mit Quellenangabe) untermauert? Können Sie Argumente der Gegenseite schlüssig widerlegen?
- Haben Sie den Text ausgiebig stilistisch überarbeitet? Je eloquenter und geschliffener Ihr Text ist, desto mehr Respekt wird man Ihrer Meinung entgegenbringen.
- Zeigt Ihr Kommentar, dass Sie etwas von der Materie verstehen und sich schon länger damit beschäftigen? Menschen, die Fundiertes zu einem Thema zu sagen haben, hört man gerne zu – Stammtischpolitikern eher nicht.
- Ist Ihr Kommentar zu lang (länger als eine halbe Zeitungsseite)? Ausufernde Manifeste lesen sich nicht sonderlich gut – falls Sie sehr, sehr viel zu sagen haben, machen Sie am besten ein Sachbuch draus.
- Haben Sie sich Beleidigungen verkniffen? In der Politik ist es zwar üblich, einander bissig verbal anzugreifen, aber unter die Gürtellinie sollte die Kritik nie gehen. Auch in der scheinbaren Anonymität des Internets nicht!
- Haben Sie den Text mit Ihrem Namen versehen? Wenn nicht, dann fragen Sie sich, ob Sie diesen Kommentar wirklich veröffentlichen möchten, wenn Sie nicht dazu stehen können.

Rezension

Rezensionen können sehr eigenwillig geschrieben sein, im Bereich Musik ist das sogar Ehrensache. Trotzdem finde ich persönlich es angenehm, wenn in einer Rezension auch konkrete Informationen vermittelt werden, damit der Leser einschätzen kann, ob ihm selbst das Buch, der Film oder das Album gefallen würde.

Hier ein paar Fragen zu Ihrem Text:

- Erzählen Sie zu Anfang kurz den Inhalt (ohne Spoiler)? Am schönsten ist, wenn Sie das in eigenen Worten tun, in Ordnung ist aber auch, erst den Klappentext zu zitieren und dann gleich zur eigenen Meinung überzugehen.

- Schildern Sie Ihre Erwartungen und ob sie eingelöst wurden?
- Kommentieren Sie bei einem Buch Idee, Figuren, Handlung, Aufbau, Perspektive und Stil? Je vielschichtiger Ihre Beurteilung, desto interessanter für Leser und Leserinnen!
- Haben Sie für Stil, Sound und Interpretation der rezensierten Songs/Musikstücke anschauliche Vergleiche gefunden? Nehmen Sie Bezug auf die Songtexte und die Instrumentierung?
- Ordnen Sie das Werk in den Kontext ein? Das geht nur, wenn Sie andere Werke und die Biografie des Künstlers kennen und mit dem Genre vertraut sind.
- Beurteilen Sie die Aufmachung des Werkes? Falls ja: Bitte denken Sie daran, dass Titel und Cover eines Buchs vom Verlag gemacht werden, oft hat der Autor keinen Einfluss auf die Gestaltung.
- Fassen Sie Ihr Urteil am Schluss noch einmal in einem Fazit zusammen? Das ist sinnvoll und macht es leichter, aus Ihrer Rezension zu zitieren.
- Fügen Sie Zitate aus dem Buch (mit Angabe der Seitenzahl) in Ihre Rezension ein? Das kann sie anschaulicher machen und vermittelt Lesern außerdem einen Eindruck vom Stil des Textes.
- Erwähnen Sie es, wenn Sie bisher noch nicht viel Erfahrung mit dem Buch-Genre oder der Art Filme haben? Und wenn Sie keine Lust hatten, das Buch zu lesen und zu rezensieren, dann ist es vielleicht besser, wenn Sie die Rezension nicht veröffentlichen.
- Haben Sie sich am Schluss der Rezension eventuell für das Exemplar bedankt, falls es Ihnen zur Verfügung gestellt wurde? Das ist in Zeitungsartikeln und bei Musikrezensionen nicht üblich, bei Blog-Rezensionen von Büchern schon.

Checkliste Schritt 1

Zum Abhaken – für drei verschiedene Texte, am besten mit Bleistift ausfüllen und dann ausradieren, um Platz für die nächsten Manuskripte zu schaffen.

Roman/Erzählung Thema/Frage	**Projekt:**	**Projekt:**	**Projekt:**
Figuren			
Haben die Hauptfiguren genug Tiefe, sind sie mehrdimensional?			
Passen ihre Aussagen und Taten zu ihrer Persönlichkeit?			
Langweilige Nebenfiguren geändert?			
Klischeetest bestanden?			
Sind Sie nah genug dran an Ihren Figuren?			
Entwickeln sich Ihre Hauptfiguren?			
Kann man sich mit den Hauptfiguren identifizieren?			
Handlung und Struktur			
Haben Ihre Hauptfiguren starke, klare Ziele?			
Gibt es reichlich Konflikte?			
Haben Sie genug überraschende Wendungen eingebaut?			
Logik jeder Szene und der gesamten Handlung überprüft?			
Viele offene Fragen vorhanden, die zum Weiterlesen reizen?			
Steigerung gegen Schluss hin?			
Klappentext geschrieben?			

Roman/Erzählung Thema/Frage	**Projekt:**	**Projekt:**	**Projekt:**
Roten Faden deutlich herausgearbeitet?			
Ungeschriebene Gesetze des Genres befolgt?			
Passt die Perspektive?			
Reihenfolge der Szenen optimiert?			
Kapitelübergänge überprüft?			
Kapiteltitel ausformuliert?			
Anfang und Schluss			
Am Anfang alle W-Fragen geklärt (wer, wo, wann, was, wie)?			
Nicht zu viele Erklärungen am Anfang (»Infodump«)?			
Erste zwei Kapitel laut gelesen?			
Schluss geschliffen, bis die richtige Stimmung entsteht?			

Kurzgeschichte Thema/Frage	**Projekt:**	**Projekt:**	**Projekt:**
Interessante Grundidee oder interessanter Grundkonflikt?			
Sofort in die Handlung eingestiegen?			
Nicht zu vollgepackt, sondern auf ein Ereignis konzentriert?			
Figuren und Schauplatz kurz und treffend beschrieben?			
Geschichte gestrafft?			

Nonfiction Buch Thema/Frage	**Projekt:**	**Projekt:**	**Projekt:**
Ausreichend recherchiert?			
Thema auf für die Zielgruppe interessante Weise angepackt?			
Aufbau auf Klarheit und Logik überprüft?			
Bedürfnisse der Zielgruppe erfüllt?			
Ton und Sprache passend und nicht zu trocken?			
Fallbeispiele und Zitate eingefügt?			
Größtmöglicher Nutzwert geboten?			
Gestaltung abwechslungsreich bzw. passend für den Buchtyp?			
Autobiografie: Roten Faden überall deutlich herausgearbeitet?			
Banales rausgeworfen?			

Artikel Thema/Frage	**Projekt:**	**Projekt:**	**Projekt:**
Allgemein			
Reizt der Anfang zum Weiterlesen?			
Ist der Aufbau systematisch?			
Funktionieren die Überleitungen?			
Zitate verwendet (Zitate freigegeben)?			
Schluss rund?			

Artikel **Thema/Frage**	**Projekt:**	**Projekt:**	**Projekt:**
Sprache gut verständlich/ Fachwörter vermieden?			
Artikel/Bericht			
Berichten Sie Neues oder haben Sie einen anderen Aufhänger für Ihren Text?			
Sind die Informationen vollständig, so dass keine Fragen offen bleiben?			
Eigene Meinung zurückgehalten?			
Reportage			
Atmosphäre und Sinneseindrücke vermittelt?			
Orte und Menschen gut vorstellbar?			
Viele Zitate verwendet?			
Ich-Perspektive ausgeblendet?			
Kommentar			
Meinung gut begründet?			
Jede Behauptung durch Fakten untermauert?			
Beleidigungen vermieden?			
Buch-Rezension			
Inhalt erzählt (ohne Spoiler)?			
Erwartungen beschrieben?			
Idee und Figuren beurteilt?			
Handlung und Aufbau beurteilt?			
Perspektive und Stil beurteilt?			
Werk in Kontext eingeordnet?			
Fazit geschrieben?			

Artikel **Thema/Frage**	**Projekt:**	**Projekt:**	**Projekt:**
Film-Rezension			
Ins Gesamtwerk (zum Beispiel des Regisseurs oder Schauspielers) eingeordnet?			
Thema und Idee beschrieben?			
Umsetzung kommentiert?			
Leistung der Schauspieler beurteilt?			
Kameraführung, Special Effects, Besonderheiten etc. kommentiert?			
Emotionale Wirkung beurteilt?			
Schlussfazit geschrieben?			
Musik-Rezension			
Ins Gesamtwerk des Künstlers eingeordnet?			
Stilrichtung und Konzept beschrieben?			
Instrumentierung, Texte, Sound kommentiert?			
Gesamteindruck zusammengefasst?			

Schritt 2 – Erster Schliff

»Viele Menschen glauben, Berufsschriftsteller müssten ihre Texte nicht überarbeiten; die Wörter würden von allein an den richtigen Stellen landen. Aber im Gegenteil – ernsthafte Schriftsteller können kaum mit der Fummelei aufhören. Ich habe das Überarbeiten nie als ungerechte Last empfunden; ich bin dankbar für jede Gelegenheit, meine Arbeiten zu verbessern.«

William Zinsser

Die grundsätzlichen Dinge haben Sie jetzt angepackt und überarbeitet – Zeit, sich um sprachliche Dinge und die Kleinigkeiten, wie den Faktencheck, zu kümmern. Am besten drucken Sie sich das Manuskript nun aus und lesen es mit dem Korrektur-Farbstift in der Hand noch einmal genau durch. *Besser keinen roten Stift verwenden, das erinnert zu sehr an die Schule und wirkt demotivierend. Ich korrigiere immer in Grün!* Außerdem brauchen Sie jetzt noch Leuchtmarker in verschiedenen Farben, um markieren zu können, wenn eine Passage noch mehr Atmosphäre braucht, an welchen Dialog Sie noch mal drangehen sollten und so weiter.

Fakten und Logik

»Drei Viertel meines Lebens verbringe ich mit Überarbeitungen.«

John Irving

»Gerate ich an eine Stelle, bei der ich mich nicht auskenne oder es mir an Informationen mangelt, trödle ich nicht lange herum, sondern markiere diese Textstelle mit *???*«, erzählt der Schriftsteller Andreas Gruber. »Gleiches gilt für Formulierungen, die mir auf der Zunge liegen und mir nicht einfallen möchten. Damit halte ich mich nicht auf und tippe nur meine *drei Fragezeichen* hin, um den Fluss des Schreibens nicht zu unterbrechen.« Nachdem der Text fertig gestellt ist, spürt Andreas Gruber mit der Suchfunktion alle Passagen mit einem *???* auf und beginnt, diese Lücken zu schließen. Jetzt geht seine Recherche ins Detail: »Stammen Davidoff-Zigarren aus Honduras oder der Dominikanischen Republik? Hat eine Walther PPK neun oder zwölf Schuss? Wie viel PS hat ein Pajero? Gibt es auch Krawatten von Gucci? Wer kann einem Detektiv die Lizenz entziehen? Fliegen Helikopter besser in warmer oder eiskalter Luft? Wo erkundigt sich der Held, wenn er einen Grundbuchauszug benötigt?«.

Jetzt zu Ihrem Werk: Zeichnen Sie mit einem Leuchtmarker sämtliche nachprüfbaren Tatsachen und Fakten an. Nun ist es Zeit für die Nachrecherche, sozusagen das inhaltliche Aufräumen. *Achtung*, selbst wenn Sie es eilig haben, sollten Sie Informationen aus dem Internet immer mehrfach überprüfen. Behaupten mehrere seriöse Quellen das Gleiche, oder gibt es verschiedene Varianten? Welche davon ist am glaubwürdigsten?

Wenn Sie Zitate oder sogar komplette Interviews in Ihrem Sachtext oder Artikel haben, sollten Sie sie (nach einer Rechtschreibkorrektur) jetzt noch einmal an den Interviewpartner schicken und um Freigabe bitten. Aber nicht den kompletten Artikel schicken, das ginge in Richtung Selbstzensur, sondern nur das Zitat und vielleicht ein- oder zwei Anschlusssätze, damit die interviewte Person beurteilen kann, in welchem Kontext sie zitiert wird.

Beim kritischen Lesen sollten Sie besonders auf die Logik der einzelnen Szenen achten und Situationen, bei denen Sie sich nicht sicher sind, gründlich durchdenken. Wie würden Sie an Stelle Ihrer Hauptfigur handeln? Wie würden Sie reagieren? Nur als Beispiele:

- Ist es wirklich glaubwürdig, dass die Mutter drei Stunden wartet, bevor sie auf die Suche nach dem vermissten Fünfjährigen geht?
- Kommt auf die Mail, die Ihr Protagonist seiner australischen Freundin am frühen Abend geschickt hat, wirklich gleich eine Antwort (das heißt ist die Freundin um zwei Uhr nachts wach)?
- Ist es nachvollziehbar, dass die beiden Hauptfiguren sich Hals über Kopf ineinander verlieben, obwohl sie sich nur zweimal kurz gesehen haben? Was gefällt ihnen aneinander (es reicht nicht, dass sie sich attraktiv finden)? Gab es einen besonderen Moment, in dem es zwischen ihnen »Klick« gemacht hat?

… und so weiter.

Ton und Tempo

> »Wörter bilden Sätze, Sätze bilden Absätze, manchmal gewinnen Absätze an Tempo und beginnen zu atmen.«
> *Stephen King*

Passt der Grundton des Texts?

Bei jedem Roman, jeder Geschichte, muss man den Grundton neu suchen. »Technisch gesehen, brauche ich für ein Buch ein Ensemble, ein Setting, einen Plot und einen Ton«, beschreibt das der Autor Wieland Freund. »Der Ton kommt mir dabei immer wie das Geheimnisvollste vor, das, was sich mehr als alles andere der Planbarkeit entzieht. Und der Ton wird auf den ersten Seiten gesetzt.«

Manchmal schleicht sich auch, ohne dass man es möchte, ein falscher Ton ein. Hier ein Beispiel der Autorin Isabel Abedi: »Bei meinem Jugendroman *Lucian* ging es in der Zusammenarbeit mit meiner Lektorin vor allem darum, das Pathos aus der ersten Manuskriptfassung zu eliminieren und stattdessen Bilder für die Emotionen der Charaktere zu finden. Ein deutliches Vorher-Nachher-Beispiel ist eine E-Mail, die meine Protagonistin Rebecca von ihrer Mutter erhält, nachdem diese sie aus heiterem Himmel von Lucian getrennt und nach Amerika zu ihrem Dad verbannt hat. Dies war meine erste Fassung:

Mein geliebtes Wölfchen,
vor zwei Stunden bin ich in Hamburg gelandet und ich kann nur hoffen, dass meine Worte dich auf diese Weise erreichen. Ich weiß, dass du mich hasst, ich verstehe, dass du nicht mit mir sprechen willst. Und ich sehe, wie du leidest. Ich wünschte so sehr, ich könnte dir etwas davon abnehmen.

Eines Tages werde ich dir erzählen können, was ich in jener Nacht von Lucian erfahren habe, aber dieser Zeitpunkt ist jetzt noch nicht gekommen.
So abgedroschen es klingt: Alles was geschehen ist, ist zu deinem Besten und ich hoffe aus tiefstem Herzen, dass du mir eines Tages verzeihen kannst.
Dass du mich jederzeit und überall anrufen kannst, mir schreiben, dir wünschen, dass ich zurückkomme, das weißt du. Ein Zeichen von dir und ich bin da. Aber ich glaube, es ist für jetzt das Beste, dass ich zurück geflogen bin.
Vielleicht wird es dir mit der Zeit leichter fallen, dich einzuleben – und vielleicht gibst du dir einen Ruck und schaust dir die Schulen, die Dad empfohlen hat, wenigstens mal im Internet an. Ich habe vorhin mit Sebastian gesprochen. Er macht sich Sorgen, genau wie Suse.
Gib deinen Freunden ein Zeichen, egal welches!
Halt nicht alles in dir!
Öffne auch deiner kleinen Schwester eine Tür. Versuche es.
Und ich flehe dich an, dass du etwas isst.
Ich liebe dich über alles. Deine Mama.

Der Kommentar meiner Lektorin lautete: »Hier musst du ran. Das wirkt sehr aufgesetzt, sehr pathetisch, so, dass man nur noch mit den Augen rollt.« Das waren schonungslose, ehrliche Worte. Als konstruktive Anregung gab sie mir ein Beispiel, wie ich szenischer und bildhafter werden könnte, und das half mir, eine zweite Fassung zu schreiben, die ich um Welten besser finde:

■ Geliebte Rebecca,
auf dem Rückflug saß ich neben einem kleinen Mädchen, das mir die ganze Zeit mit seinem weißen Converse-Schuh gegen das Schienbein getreten hat. Irgendwann fing ich an zu heulen, aber ich konnte der erschrockenen Mutter nicht verständlich machen, dass ihre Tochter absolut nichts damit

zu tun hatte. Alles, woran ich denken musste, war, dass du als Kind genau die gleichen Converse-Schuhe hattest und an einem grauenhaft verregneten Tag damit auf den Spielplatz wolltest. Ich hatte es dir verboten, weil draußen alles matschig war. Du hast gebettelt, dann geschimpft und schließlich bist du mit Spatz' Gummistiefeln und deinem Sandeimer auf den Spielplatz gegangen. Als du zurückkamst, bist du mit deinem vollen Sandeimer zum Schuhschrank marschiert, hast in jeden Converse einen fetten Haufen Matsch geklatscht und zu mir gesagt: »Das hast du jetzt davon, du blöde Mama!« Ich musste damals so lachen und du bist so wütend darüber gewesen, aber irgendwann hast du vergessen, warum du böse auf mich warst und alles war gut.
Wölfchen, ich habe diese Mail ungefähr tausend Mal angefangen und tausend Mal wieder gelöscht, weil ich nicht weiterweiß. Ich kann nicht damit aufhören, mir zu wünschen, dass es wieder so einfach wäre, und gleichzeitig weiß ich, dass diesmal kein Matscheimer dieser Welt groß genug sein kann, um es wiedergutzumachen.
Was ich getan habe, war das Schlimmste, was ich je tun musste, und jeder Versuch, dir die Gründe für mein Verhalten zu erklären, scheitert daran, dass ich es dir aus ebendiesen Gründen nicht erklären kann. Es klingt so abgedroschen und so grausam, dass mir schlecht wird, und ich weiß, dass ich mit allem, was ich hier schreibe, nicht dir helfe, sondern nur versuche, mir selbst zu helfen.
Und dabei will ich dir helfen, mehr als alles andere.
Dads Vorschlag, dass ich zurück nach Hamburg fliege, ist vermutlich das einzig Richtige gewesen.
Rebecca, ich liebe dich, auch wenn du mich gerade hasst.
Ich liebe dich mehr als alles andere auf der Welt.
Deine Mama

In diesem Fall hat eine Lektorin helfend eingegriffen – bei Selbstlektoren sind es eher Testleser, die »Achtung!« rufen und sagen, was ihnen am Ton einer Passage nicht gefällt. Aber auch Sie selbst können in sich und in Ihren Text hineinhorchen:

- Haben Sie einen Erzählton gefunden, der zu diesem Projekt passt?
- Wie klingt Ihr Text? Lesen Sie sich die ersten Seiten laut vor – ist das der Sound, den Sie wollten, oder passt etwas noch nicht?
- Gibt es Passagen, bei denen Ihr Bauchgefühl signalisiert, dass hier irgendwas am Ton noch nicht stimmt? Versuchen Sie herauszufinden, was Sie stört, oder fragen Sie gezielt Freunde und Kollegen nach ihrer Meinung.

Sind Ihre Dialoge lebensecht und überzeugend?

Leser lieben Dialoge, weil sie ein Buch lebendig machen – doch gelungene Dialoge zu schreiben, ist nicht leicht. Lektoren werfen einen genauen Blick auf sämtliche Dialogszenen, Selbstlektoren auch. Rausfliegen würde zum Beispiel diese hier:

»Wollen wir heute Essen gehen?«, schlug Markus vor und blickte sie liebevoll an.
»Ja, das können wir gerne tun«, erwiderte Marlene.
»Aber lieber am Donnerstag, nicht heute.«
Markus nickte. »Alles klar«, meinte er. »Ich hole dich dann ab, in Ordnung?«
»Schön«, sagte Marlene und umarmte ihren Freund zum Abschied. »Ich freue mich schon!«

Ein Dialog, der durch die ausformulierten Sätze gestelzt klingt. Außerdem ist er an Langweiligkeit nicht zu überbieten. Zum Glück ist er überflüssig und lässt sich durch ein knappes »Sie verabredeten sich für Donnerstag zum Essen« ersetzen. Aber Sie können solche nichtssagenden Dialoge retten, indem Sie sie mit Konflikten anreichern. Das klingt dann zum Beispiel so:

»Wollen wir heute Essen gehen?«, schlug Markus vor und blickte sie liebevoll an.
»Essen gehen? Wie hast du dir das vorgestellt?« Marlene öffnete die Tür keinen Zentimeter weiter als nötig. »Hast du im Lotto gewonnen? Hab ich wohl nicht mitgekriegt. Außerdem – wenn du gerade Kohle hast, bezahlst du besser erstmal deine Schulden!«
»Stimmt schon. Vergiss das mit dem Essengehen. Blöde Idee.« Markus wandte sich zum Gehen.
Schon tat es Marlene leid, dass sie so schroff reagiert hatte. »Ähm, heute ist sowieso schlecht. Aber Donnerstag. Donnerstag ginge.«

Die unvollständigen Sätze klingen viel »mündlicher« und der Konflikt zwischen Markus und Marlene macht den Austausch interessanter. Außerdem werden beide Figuren charakterisiert, man erfährt mehr über ihre Lebenssituation und – durch die Wortwahl – über ihren gesellschaftlichen Hintergrund.

Tipp: *Das Negativ-Beispiel ist natürlich völlig überzogen, als erfahrener Autor schnauben Sie jetzt vielleicht: »So einen nichtssagenden Mist habe ich in meinem Manuskript nicht, ist das nur ein Buch für blutige Anfänger?«*
Ist es nicht. Mit dem Beispiel will ich Sie dazu anregen, einen genauen Blick auf alle Dialoge in Ihrem Manuskript zu werfen: Welche dienen weder dazu, die Handlung voranzutreiben, noch dazu, Ihre Figuren zu charakterisieren?

Es ist wichtig, dass die Dialoge echt klingen. Einfluss darauf hat zum Beispiel die Zeitform. Schriftdeutsch klingt dieses hier:

»Eine Freundin lud mich zu einer Party ein«, erzählte Marlene.

In einem wirklichen Gespräch würde man wahrscheinlich »hat mich zu einer Party eingeladen« sagen. Auch zu geschliffene Formulierungen sind wie erwähnt schädlich:

- »Ich fühle mich in ihrer Gegenwart wohl«, meinte Markus.

Ein solcher Satz würde niemandem, den ich kenne, über die Lippen kommen, man würde einfach sagen: »Ich fühle mich wohl, wenn ich bei ihr bin.« Eine andere Erstautorin hat ihre Figur zu einer Freundin sagen lassen: »Aber nun erzähle mir …« Echter klingt »Aber jetzt erzähl' mal …«

Tipp: *Wenn Sie überprüfen wollen, ob ein Dialog lebensecht klingt, lesen Sie ihn laut vor und fragen Sie sich: Würde man das wirklich so sagen? Würde ich das so sagen?*

Apropos »sagen«. Im schlechten Markus-und-Marlene-Dialogbeispiel habe ich ständig Synonyme für »sagen« verwendet. Das kann man machen, aber wenn man es übertreibt, kann es den Leser nerven. Außerdem kann es dadurch Dopplungen geben:

- »Nie!«, fauchte Marlene aggressiv. »Warum sollte ich?!«

Fauchen ist immer aggressiv, das »aggressiv« kann also raus. Ähnliches gilt für »brüllte sie wütend«. Anderes Negativ-Beispiel:

- »Der kommt schon zurück!«, lachte Markus schallend.

Beim Reden kann man nicht lachen, außerdem wirkt das nachgeschobene »schallend« holprig. Daraus könnte werden:

- »Der kommt schon zurück!«, sagte Markus und lachte schallend.

Unschön ist es, wenn Autoren Dialogsätze zerhacken, so wie in diesem (verfremdeten) Beispiel aus einem Erstautoren-Manuskript:

> »Wir wollen über das große Fest beraten«, Tante Gertrud setzte sich an den Tisch und teilte die Kartoffelklöße aus, »das uns bevorsteht.«

Manchmal ist es sinnvoll, eine wörtliche Rede zu unterbrechen und kurz zu beschreiben, was der Sprechende gerade tut. Aber oft macht es keinen Sinn und liest sich schrecklich.

Ebenso sollte man sich verkneifen, die Worte seiner Figur zu interpretieren und zum Beispiel zu schreiben: »... versuchte XX an das Argument von XX anzuknüpfen«. Völlig unnötig und klingt nicht gut. Vertrauen Sie darauf, dass der Leser mitdenkt und selbst in der Lage ist, ein Gespräch zu interpretieren.

Vorsichtig sollten Sie sein bei Konstruktionen wie *»Alles bestens«, musterte Lukas mich*, das klingt seltsam, weil das Sprechen und das Mustern ja jeweils eigene Handlungen sind. Also besser: »Alles bestens«, Lukas musterte mich. Oder: »Alles bestens«, meinte Lukas und musterte mich.

Im guten Markus-und-Marlene-Dialogbeispiel ist Ihnen vielleicht aufgefallen, dass hin und wieder auf das »sagte« verzichtet wird, weil klar ist, wer gerade spricht. Das klingt einfach eleganter.

Jetzt sind Sie dran:

- Gibt es in Ihrem Manuskript noch Dialoge, die unecht klingen, weil sie zum Beispiel zu geschliffen ausformuliert sind oder die Zeitform nicht passt?
- Entdecken Sie in Ihrem Text Dialoge, die weder etwas zur Handlung beitragen noch eine Figur charakterisieren? Am besten streichen.
- Könnten Sie Dialoge, mit denen Sie noch nicht zufrieden sind, mit mehr Konflikten anreichern oder zumindest witziger machen?

- Haben Sie im Roman Passagen, die »erzählt« sind, aber »gezeigt« werden sollten? Wenn Sie daraus eine Szene mit Dialogen machen, wird der Text viel lebendiger.
- Haben Sie im Text Monologe, die nicht durch Beschreibungen oder Aussagen anderer Figuren unterbrochen werden? Besser etwas auflockern, niemand liest gerne Monologe.
- Entdecken Sie in Ihrem Manuskript unschöne Dialogunterbrechungen?
- Wo könnten Sie das »sagte« weglassen, wenn klar ist, wer spricht?
- Verwenden Sie anstelle von »sagte« nur Verben des Sagens und Meinens? Alle anderen besser raus.

Erzeugen Sie Atmosphäre?

Ein Text ist dann gut, wenn er »Kopfkino« erzeugt und den Leser an den Ort der Handlung bringt. Aber das geht nur mit einer treffenden, präzisen Wortwahl und möglichst vielen Sinneseindrücken. Also möglichst nicht so:

> Die Küste war wunderschön im Licht des frühen Morgens. Marlene lief hinunter zum großen Strand.

»Schön« ist ein genauso nichtssagendes Adjektiv wie »groß«. Außerdem enthält diese Passage keinerlei Sinneseindrücke. Aber die kann man nachträglich ergänzen. Die neue Fassung liest sich so:

> Hinter den Dünen konnte Marlene das blaugraue, schimmernde Meer erkennen. Jetzt bei Ebbe war es weit entfernt. Marlene grub die Zehen in den Sand, dann rannte sie los, auf den Strand zu, während der kühle Wind ihr die Haare aus der Stirn wehte.

Aber Achtung, knallen Sie Ihren Text nicht mit Adjektiven voll, das klingt billig! Dazu mehr im Kapitel Stil und Sprache. Jetzt erstmal zu

Ihren Beschreibungen:

- An welchen Stellen könnte Ihrem Text noch Atmosphäre guttun?
- Sind einige Ihrer Beschreibungen noch zu allgemein oder nichtssagend?
- Sind Ihre Beschreibungen zu knapp oder so ausufernd lang, dass man sie überspringt?
- Erwähnen Sie oft, was Ihre Figuren hören, riechen, mit dem Tastsinn fühlen, schmecken? Wenn nicht, wo könnten Sie noch zusätzliche Sinneseindrücke einfügen?

Haben Sie das richtige Erzähltempo gefunden?

Jeder Text hat ein Erzähltempo, das zu ihm passen muss. Historische Romane sind oft breit und langsam erzählt, bei Thrillern dagegen geht es manchmal Schlag auf Schlag – und das erwarten die Leser auch. Bei einem eigenen Text das richtige Erzähltempo zu finden, kann etwas trickreich sein, man entwickelt erst nach und nach ein Gespür dafür. Einer Freundin von mir war beispielsweise nicht klar, dass die ständigen, langen inneren Monologe ihrer Figuren den Fortgang der Handlung sehr stark verlangsamten. Die eigentlich spannende Story kam nicht von der Stelle. Als sie das merkte, entschloss sie sich zum Glück, viele dieser Stellen zu streichen – der Roman gewann sofort an Tempo.

Hier ein Beispiel für einen Text, der ewig braucht, bis er auf den Punkt kommt:

> Als Markus nach Hause kam, drehte er den Schlüssel sehr langsam im Schloss. Seit sie das Schloss letztes Jahr ausgetauscht hatten, knackte das blöde Ding laut. Das Knacken störte ihn. Es war Zeit, mal wieder das Ölspray aus dem Keller zu holen. Aber er hatte keine Lust, wieder dem Hausmeister über den Weg zu laufen, der würde ihn garantiert darauf ansprechen, dass er den Müll nie richtig sortierte. Müll zu sortieren hielt Markus für Zeitverschwendung, er fand es viel

praktischer, alles in einen Beutel zu werfen. Die verbrannten das Zeug doch sowieso, anstatt es zu recyceln.
Markus schaffte es, das Knacken zu vermeiden, und öffnete die Tür. Als er aus dem Flur in die Küche trat, spürte er sofort, dass mit Marlene etwas nicht in Ordnung war.

Wenn Sie das nagende Gefühl haben, dass Sie zu langatmig und ausführlich erzählen, oder wenn Sie entsprechende Rückmeldungen bekommen haben, dann kürzen Sie. Einen Text »eindampfen« nennt man das auch, denn wenn man eine Suppe lange köcheln lässt, wird der Geschmack immer intensiver. Fast immer machen Kürzungen einen Text besser. Sie könnten sich zum Beispiel vornehmen, eine bestimmte Szene um ein Drittel zu kürzen, von neun auf sechs Seiten. Ich bin sicher, sie wird dadurch knackiger, denn Sie werden beim Kürzen jeden Satz genau unter die Lupe nehmen müssen: Brauche ich den oder nicht? Einen besseren Schliff gibt es nicht.

Doch um einen ganzen, langatmig geratenen Roman zu straffen, brauchen Sie Entschlossenheit, denn wahrscheinlich hängen Sie an jeder Szene. Wenn es Sie tröstet, dann bewahren Sie die gestrichenen Szenen auf – ich zum Beispiel stelle sie als »Outtakes« auf meine Website, und so finden sie doch noch den einen oder anderen Leser.

Manche Autoren haben das entgegengesetzte Problem, sie erzählen zu knapp und zu schnell. Zum Beispiel so:

Als Markus nach Hause kam, spürte er sofort, dass mit Marlene etwas nicht in Ordnung war. Sie wirkte fast apathisch.
Marlene stützte die Ellenbogen auf den Küchentisch. »Du, Markus?«
Alarmiert sah Markus sie an. »Ja, was ist denn?«
»Ich werde mich von dir trennen. Das Chaos, das du um dich herum verbreitest, ertrage ich einfach nicht mehr.«
»Aber ich könnte mich doch ändern«, sagte Markus. Er fühlte sich hilflos.

»Du? Im Leben nicht!« Marlene holte einen Koffer aus dem Schlafzimmer, warf sich ihre Jacke über und marschierte nach draußen.

Für eine Romanszene ist das viel zu dünn, der fiktive Autor geht husch-husch über ein wichtiges Ereignis der Geschichte, die Trennung der Hauptfiguren, hinweg. Außerdem fehlen Beschreibungen, die fürs »Kopfkino« wichtig sind, es entstehen keine Bilder davon, in welcher Umgebung sich die Szene abspielt und wie die Figuren wirken. Ein ausführlicherer Dialog wäre ebenfalls schön und würde mehr Konflikt und Spannung in die Szene bringen. Dann könnten wir als Leser zum Beispiel mit Markus mitfiebern, ob er Marlene nicht doch dazu bewegen kann, bei ihm zu bleiben. Oder der Autor könnte den Moment hinauszögern, in dem Markus erfährt, was mit Marlene los ist, so dass sich der Leser neugierig fragt, wieso sie sich so eigenartig verhält. Doch in der jetzigen Form ist die Passage blutleer und für den Leser unbefriedigend.

Sind Sie eher ein »schneller« Schreibtyp? Dann sollten Sie wichtige Szenen in Ihrem Roman ausbauen und ihnen mehr Tiefe geben. Eine straffe Schreibe eignet sich übrigens gut für Kurzgeschichten, in denen oft sehr knapp und prägnant erzählt wird. Sie müssen nur darauf achten, dass Sie nicht zu oberflächlich schreiben.

Stil und Sprache

»Der Unterschied zwischen einem nahezu richtigen Wort und einem treffenden ist groß – es ist der Unterschied zwischen einem Glühwürmchen und einem Blitz.«

Mark Twain

Wiederholungen, Holprigkeiten und Füllwörter aufspüren

Jetzt ist der richtige Zeitpunkt, um Wiederholungen aus Ihrem Text zu fischen. Haben Sie in benachbarten Sätzen zweimal das gleiche Wort verwendet? Oder wiederholt sich ein Begriff in einer Passage mehrmals? Dann sollten Sie ihn ersetzen, damit Ihr Text nicht eintönig wirkt. Wenn Sie sagen wollen, dass etwas »veraltet« ist, haben Sie zur Auswahl noch *unmodern, altmodisch, passé, überholt, rückständig, verstaubt, unzeitgemäß, altertümlich, vorsintflutlich* und *obsolet* – nur um ein paar Beispiele zu nennen.

Aber man sollte sich auch nicht dazu zwingen, um jeden Preis ein anderes Wort zu suchen, wenn es keinen passenden Ersatz dafür gibt. Schließlich haben die verschiedenen Ausdrücke unterschiedliche Bedeutungsnuancen. »Überholt« sagt man eher bei einem technischen Gegenstand, »altmodisch« dagegen zu Möbelstücken oder Kleidung. Außerdem lässt man sich im Synonym-Rausch leicht verleiten, zu weit hergeholte Ausdrücke zu verwenden.

Veraltete Wörter
Apropos altmodisch: Sprache verändert sich, und manche Ausdrücke sind heute nicht mehr gebräuchlich. Wenn Sie eine in der Gegenwart spielende Geschichte geschrieben haben, sollte die Sprache auch modern klingen. Altmodische Wörter sind zum Beispiel »vernahm«, »verweilte« oder »sprach er/sprach sie« (kann man problemlos durch »sagte« ersetzen). Auch das nicht mehr verwendete, schriftdeutsch klingende »e« bei manchen Verben sollte man rausnehmen, zum Beispiel bei »Erzähle mir …« Wörter wie »Lausbub« gehen nur noch in Dialogen durch, und zwar wenn der Sprecher ein alter Mensch ist. Besondere Vorsicht ist bei Jugendsprache angebracht, sie veraltet rapide. Und nichts ist in Manuskripten peinlicher als die Jugendsprache von gestern. Wenn Sie nicht sicher sind, ob ein Begriff zeitgemäß ist, fragen Sie am besten Testleser.

Die Angewohnheit, mehrere Begriffe mit einer sehr ähnlichen oder der gleichen Bedeutung in einen Satz zu packen, gilt als Wiederholung. Beispiele: »Bernd, sein Freund, trug es mit Geduld und Langmut …« Da kann der Langmut raus. Oder: »Er hatte sich bemüht, ihren Rückzug zu akzeptieren, zu respektieren.« Eins von beiden ist überflüssig.

Tipp: *Wiederholungen zu erkennen ist nicht leicht, man übersieht sie oft. Es hilft, wenn man den Text nicht am Bildschirm liest, sondern als Ausdruck vor sich hat. Und das beste Mittel, um Wiederholungen aufzuspüren, ist, den eigenen Text laut zu lesen. Dabei fallen Ihnen selbst kleinste Ungenauigkeiten auf.*

Auch nach inhaltlichen Wiederholungen sollten Sie jetzt Ausschau halten. Erzählen Sie in mehreren Passagen das Gleiche, so dass es einmal raus kann?

Achten Sie ebenfalls gezielt auf Ihre Satzanfänge. Wenn sich beispielsweise »Der, Die, Das«-Anfänge häufen, sollten Sie eingreifen. Zum Glück lassen sie sich leicht vermeiden, Sie müssen nur den Satz umstellen. Aus »Die Bäume würden irgendwann gefällt werden« wird »Irgendwann würden die Bäume gefällt werden.« Oder haben Sie in einer Passage eine Vielzahl von »Ich«-Satzanfängen? Das wirkt nicht nur wiederholend, sondern lässt auch noch die Hauptfigur selbstbezogen wirken.

Holprigkeiten aus dem eigenen Text zu fischen, ist nicht einfach, weil man sie selbst nicht immer erkennt. In einem Manuskript, das ich geprüft habe, hat der Autor beispielsweise geschrieben: »Die Leute auf dem Steg wurden zunehmend mehr.« In einer anderen Passage hieß es »von der Hauptstraße knickte ein Kiesweg ab«. Beide Male habe ich *holprig* an den Rand geschrieben – die Formulierungen passen einfach nicht. Verlassen Sie sich beim Korrekturlesen auf Ihr Sprachgefühl und markieren Sie Sätze, bei denen Ihnen etwas komisch oder »noch nicht rund« vorkommt. Mehr können Sie nicht tun, von diesem Punkt an brauchen Sie Testleser-Feedback. Unfreiwillig komische Formulierungen entdeckt man selten selbst, sonst hätte man sie ja nicht so aufgeschrieben.

Leicht zu finden sind dagegen Füllwörter. Sie schleichen sich wie von selbst in den Text ein. Als Füllwort gilt ein Wort, wenn es keine Funktion hat und im Satz überflüssig ist. Streicht man es, vermisst es niemand, im Gegenteil, der Satz wird schlanker und kraftvoller. Füllwörter sind zum Beispiel:

- auch
- ziemlich
- in gewisser Weise
- ja
- recht
- relativ
- doch
- irgendwie
- nun
- allerdings
- ganz
- überhaupt
- durchaus
- eigentlich
- natürlich

Jetzt ist es an Ihnen, Füllwörter in Ihrem Manuskript aufzuspüren und unschädlich zu machen. Dafür verrät die Sachbuch-Autorin Rita Steininger einen Trick: »Wie alle Autoren überarbeite ich das Manuskript nochmals von A bis Z, wenn die erste Fassung steht. Besonders einfach sind die Nachbesserungen, für die man die Word-Suchfunktion benutzen kann«, berichtet sie. »Seit einiger Zeit benutze ich die Suchfunktion nicht nur, um Füllwörter aufzuspüren, sondern auch, um schwache Verben durch starke zu ersetzen. Ich gebe in die Suche Wörter wie *ist/sind, hat/haben, macht/machen* und so weiter ein und suche dann nach möglichst griffigen, ausdrucksstarken Verben (zum Beispiel statt ›ist froh‹ – ›strahlt vor Freude‹).«

Überflüssige und nichtssagende Adjektive streichen

Adjektive (Eigenschaftswörter wie *verträumt, prickelnd, hoch, grün, staubig*) und Adverbien (Umstandswörter, die das Verb genauer beschreiben) liefern zusätzliche Informationen und lösen Bilder im Kopf aus. Ein genau passendes Adjektiv am rechten Ort ist wunderbar. Es gibt aber Adjektive, die reflexhaft eingesetzt werden, zum Beispiel »knisternde Spannung« (was genau knistert hier? Der Inhalt des Gehirns?) oder »tragischer Todesfall« (ist nicht jeder Unfall oder Todesfall tragisch?). Raus damit. Zudem blähen überreichlich eingesetzte Adjektive einen Text auf und lassen ihn kitschig klingen. Lesen Sie das hier:

- Er saß breitbeinig auf dem Schemel neben ihr, rupfte bunte Wolle vom Rocken und ließ die schmale Spindel in der Hand wirbeln. Wie es sich für das Sippenoberhaupt geziemte, verstand es Erik, die scharfe Streitaxt zu schwingen, ein Schiff zu führen, und selbstverständlich wusste er auch, einen guten oder sogar sehr guten Wollfaden zu spinnen.

Von den Adjektiven ist mindestens die Hälfte überflüssig – wen interessiert schon, ob die Wolle bunt war? Und dass eine Streitaxt scharf ist, versteht sich von selbst. Deswegen hat Tilman Röhrig das alles in seiner Romanbiografie *Erik der Rote* nicht geschrieben. Stattdessen verlässt er sich auf viele starke Verben und hin und wieder ein einfaches, gut gesetztes Adjektiv:

> Er saß breitbeinig auf dem Schemel neben ihr, rupfte Wolle vom Rocken und ließ die Spindel in der Hand wirbeln. Wie es sich für das Sippenoberhaupt geziemte, verstand es Erik, die Streitaxt zu schwingen, ein Schiff zu führen, und selbstverständlich wusste er auch, einen guten Wollfaden zu spinnen.

Los geht's mit Ihrem Selbstlektorat:

- Überprüfen Sie beim Korrekturlesen, ob Sie treffende Adjektive gefunden haben. Vermeiden Sie nichtssagende wie »schön« und überzogene wie »markerschütternd«? Hilfestellung bei der Suche nach dem richtigen Wort gibt beispielsweise ein Synonym-Lexikon.
- Seien Sie streng mit sich und überprüfen Sie in jeder Passage, ob Sie es mit den Adjektiven übertrieben haben. Welche davon können raus? Übrigens: Nur wenige Autorinnen und Autoren verwenden grundsätzlich zu viele Adjektive, meist ist so etwas ein Problem einzelner Passagen.
- Auch das Gegenteil kann der Fall sein – haben Sie zu wenige Adjektive? Welche könnten Sie noch hinzufügen, damit Ihr Text bildhafter und präziser wird? Wenn Sie dagegen mit Absicht auf Adjektive verzichten, können Sie das so lassen.

Abgenutzte Ausdrücke vermeiden

Es gibt viele Bilder, Redewendungen und Vergleiche, die irgendwann mal gut waren. Inzwischen sind sie durch häufigen Gebrauch abgenutzt, und Sie sollten einen Bogen um sie machen. Zu den schlimmsten gehören: »Sie blieb wie angewurzelt stehen« und »Ihm gefror das Blut in den Adern.« Aber es gibt noch tausend andere, die ebenso übel sind. Leider fallen einem diese gängigen Vergleiche als Erstes ein und landen deshalb oft im Text. Bei der Überarbeitung sollten Sie sie unbedingt herausholen. Halten Sie beim genauen Korrekturlesen gezielt Ausschau nach abgenutzten Ausdrücken. Suchen Sie stattdessen ein frisches Bild oder erfinden Sie einen neuen Vergleich – Ihre Leser werden angenehm überrascht sein.

Wenn Sie einmal wirklich für abgenutzte Redewendungen sensibilisiert sind, dann wird es Ihnen nicht mehr schwerfallen, sie zu vermeiden. Zum Beispiel habe ich meiner Praktikantin Caro erzählt, dass ich den starken Drang habe, die Buchseite herauszureißen, wenn ich »Ihm gefror das Blut in den Adern« lese. Leicht entsetzt blickte sie mich an, und später meinte sie, dieser Ausdruck würde ihr garantiert nicht mehr ins Manuskript rutschen!

Noch ein paar abgenutzte Ausdrücke und Redewendungen – schauen Sie doch mal per »Suchen«-Funktion, ob sie sich in Ihren Text eingeschmuggelt haben.

- mit Ach und Krach
- mit einem Affenzahn
- in den sauren Apfel beißen
- etwas aus dem Ärmel schütteln
- mit Argusaugen bewachen
  (wer weiß heute noch, wer oder was Argus war?!)
- nur Bahnhof verstehen
- kein Blatt vor den Mund nehmen
- Blut und Wasser schwitzen
- unter Dach und Fach bringen
- wie vom Erdboden verschluckt
- jemandem reißt der Geduldsfaden
- etwas mit Hängen und Würgen schaffen
- Knall auf Fall etwas tun
- wie die Katze um den heißen Brei schleichen
- Lunte riechen
- die Nadel im Heuhaufen suchen
- vom Regen in die Traufe kommen

- jemandem fällt ein Stein vom Herzen
- die Seele baumeln lassen (bei diesem Ausdruck bekomme ich inzwischen starken Brechreiz!)
- jemandem fällt etwas wie Schuppen von den Augen
- nicht alle Tassen im Schrank haben
- reden wie ein Wasserfall
- einen Zahn zulegen

Vergleiche und Metaphern prüfen

Richtig schön und erfrischend liest es sich, wenn ein Text neue Sprachbilder, also interessante (oder je nach Genre auch witzige) Vergleiche und gelungene Metaphern enthält.

Ein Spezialist dafür ist Markus Zusak, seine *Bücherdiebin* ist eine wahre Orgie der literarischen Bilder, hier nur drei Beispiele:

- Jeden Abend ging Liesel nach draußen, wischte die Tür sauber und schaute in den Himmel. Normalerweise sah er aus wie verschüttet – kalt und schwer, glitschig und grau. Aber manchmal fassten sich ein paar Sterne ein Herz, erhoben sich und schwebten, wenn auch nur für wenige Minuten. (S. 51)

- Der Sommer machte es sich gemütlich, und der Raum voller Bücher wurde wärmer. (S. 161)

- Selbst hier unten konnten sie gedämpft die Melodie der Bomben hören. Der Luftdruck schob sie bodenwärts, wie eine Zimmerdecke, als wollte er die Erde zerquetschen. Aus Molchings leeren Straßen wurde ein Stück herausgebissen. (S. 411)

Metaphern und Vergleiche zu unterscheiden, ist leicht: Immer, wenn ein »wie« vorkommt, ist es ein Vergleich.

»Ich bin harmlos wie ein Glas Buttermilch«, hat Ingo Siegner einem Zwergdrachen namens Zwiebelchen in den Mund gelegt.

→ Vergleich

»Aus dem gelben Gras ragte ein grüner Maulwurfshügel. Ein Rucksack! Meiner?«, lässt Mirjam Mous ihren Erzähler in *Boy 7* denken.

→ Metapher

Nicht nur in Romanen ist Kreativität erwünscht, sondern auch in Sachtexten. Das hier habe ich in einem Artikel über Traumata gefunden[7]:

> Schließlich rätseln Wissenschaftler herum, warum mancher Zeitgenosse bereits von ein bisschen Trubel überfordert ist, Stresssymptome zeigt und womöglich eine Angststörung oder eine Depression durchmacht. Andere haben hingegen einen fordernden Job und etliche weitere Verpflichtungen, bleiben aber gelassen wie ein finnischer Dorschangler.

Obwohl vermutlich keiner von uns je einen finnischen Dorschangler getroffen hat (ich bin mir nicht mal sicher, ob es sie überhaupt gibt), hat bei diesem anschaulichen Vergleich jeder sofort ein Bild vor Augen.

Doch nicht alle Vergleiche und Metaphern funktionieren, es gibt auch solche, die knapp daneben sind. Stilexperte Bastian Sick findet davon täglich jede Menge in der Presse[8]: »Ähnlich paradox wie die Tatsache, dass einsturzgefährdete Kirchen ausgerechnet mit Heidengeld gerettet werden sollen, mutet jene Meldung aus den Fernsehnachrichten an, in der es hieß: ›Die winterlichen Witterungsverhältnisse

7 Süddeutsche Zeitung, 12. April 2013
8 Zwiebelfisch-Kolumne auf Spiegel Online 2007

haben in Asien zu einem regelrechten Chaos geführt.‹ Ein Chaos nach Regeln! Das ist fast so schön wie die eingefleischte Vegetarierin«.

In manchen Romanen finden sich schiefe Bilder und Vergleiche – auch wenn es subjektiv ist, ob einem ein Bild gefällt oder nicht. Markus Zusack zum Beispiel schreibt in der *Bücherdiebin*:

> Sie grinste, bis ihr schwindelig wurde, und betrachtete die Linien, die sich in seinem Gesicht hinabzogen, betrachtete das geschmolzene Metall seiner Augen – bis aus der Küche ein Fluchen zu hören war.

Ob das gelungen ist, darüber könnte man diskutieren. Zusack will damit vermutlich ausdrücken, dass die Augen des Vaters in diesem Moment fiebrig-heiß oder hart wirken, keine Gefühle verraten oder Ähnliches. Doch beschrieben wird in dieser Passage eine sehr liebenswerte Figur, geschmolzenes Metall dagegen ist etwas Gefährliches, man hält sich fern davon. Außerdem passt es von der Farbe nicht, vermutlich hat der Vater graue Augen, bei geschmolzenem Metall sehe ich jedoch etwas silbrig Schimmerndes wie Quecksilber vor mir: Roboter- oder Alien-Augen.

Missglückt finde ich diesen Vergleich von Zusack:

> Seine Achseln waren durchnässt und die Worte platzten wie Wunden aus seinem Mund.

Wunden sind normalerweise etwas fest Haftendes, ich kann mir beim besten Willen nicht vorstellen, wie sie durch die Luft fliegen!

Wenn man Pech hat, wird es auch unfreiwillig lustig. In einem unveröffentlichten Manuskript hat der Autor gerne die Redewendung »einen Korb bekommen« verwendet. Dadurch entstanden im Text immer wieder schiefe Bilder, zum Beispiel »Dann heißt es Körbe wegstecken – und gleichzeitig an ihnen wachsen«.

Achten Sie beim Korrekturlesen besonders auf die Sprachbilder in Ihrem Manuskript:

- Sind Ihre Metaphern und Vergleiche stimmig oder schief? Passend oder überzogen?
- Bedenken Sie immer, welche Assoziationen Ihre Leser zu einem Vergleich oder einem Bild haben könnten! Sind diese Assoziationen positiv oder negativ, und passen sie zu dem, was Sie vermitteln wollen?
- Gelegentliche Bilder, Metaphern und Vergleiche bereichern einen Text, zu viele davon können erdrückend oder schwülstig wirken. Unschön ist es auch, in einer Passage mehrere verschiedene Bilder und Vergleiche zu bringen. Prüfen Sie, ob Sie solche Vergleichs-Häufungen im Manuskript haben, und straffen Sie an diesen Stellen.

Aus Passiv Aktiv machen

Haben Sie noch Passivierungen im Manuskript (die man am Wörtchen »wurde« erkennt)? Dann nichts wie raus damit, denn Passiv-Konstruktionen wirken blass und verschleiern den Akteur. Schreiben Sie besser im Aktiv, außer Sie wollen das Passiv bewusst als Stilmittel einsetzen. Letzteres ist angebracht, wenn nicht der Akteur, sondern das Erleiden im Vordergrund steht oder wenn der Akteur niemanden interessiert beziehungsweise nicht bekannt ist.

Hier ein Satz im Passiv:

- Am Montag wurde Markus aus der Wohnung geworfen, sämtliche Möbel wurden zum Sperrmüll gebracht.

Das Gleiche im Aktiv:

- Am Montag warf der Hausverwalter Markus aus der Wohnung und ließ sämtliche Möbel auf den Sperrmüll bringen.

Jetzt ist zumindest klar, wer Markus' Möbel entsorgt – er tut es nicht selbst, und vermutlich war es auch nicht seine Idee.

Noch besser wäre in diesem Fall aber eine Mischung aus Aktiv und Passiv. Der erste Teil des Satzes kann im Passiv stehen bleiben, weil hier das Erleiden im Vordergrund steht. Der zweite Teil klingt im Aktiv besser, weil dadurch klar wird, wer die Möbel entsorgt hat:

- Am Montag wurde Markus aus der Wohnung geworfen. Der Hausverwalter ließ sämtliche Möbel auf den Sperrmüll bringen.

Verben nach vorne ziehen

In der deutschen Sprache ist es möglich, das Verb ans Ende des Satzes zu stellen. Schön sind solche Konstruktionen aber nicht, denn durch sie müssen Ihre Leser herumrätseln, worum es im Satz eigentlich geht, bis am Schluss die Auflösung folgt. Beispiel:

- Damit hat der Redner nicht nur seine Gegner, sondern auch seine Freunde, Kollegen und Mitstreiter, die bisher auf seiner Seite waren, verärgert.

Falls Sie solche Konstruktionen noch im Manuskript haben, dann raus damit. Ziehen Sie das Verb nach vorne:

- Damit hat der Redner nicht nur seine Gegner verärgert, sondern auch seine Freunde, Kollegen und Mitstreiter, die bisher auf seiner Seite waren.

Umständliche oder steife Formulierungen erkennen

Laufen, springen, wedeln, festhalten, den Kopf heben … Verben bringen Schwung und Bewegung in ein Manuskript. Substantive dagegen kommen behäbig daher, besonders wenn sie abstrakt sind: *Perspektive, Anlage, Programm.* Verwenden Sie solche Substantive sparsam, bevorzugen Sie bildhafte, konkrete (*Wüste, Nebel, Pelz*) oder ersetzen Sie sie durch Verben. Zum Beispiel so:

- »Er war der festen Überzeugung« = »Er war überzeugt«
- »Sie bekam einen heftigen Schrecken vom starken Schwanken des Bootes« = »Sie erschrak, weil das Boot so heftig schwankte«

Halten Sie sich fern von Substantivierungen (Wörter, die meist mit »-ung« enden), denn die müffeln nach Beamtensprache. Kleines Beispiel:

> In Ermangelung einer besseren Alternative organisierte Kevin die Abholung von Markus' Möbeln vom Sperrmüll, doch dabei war er nicht fähig, ihre Beschädigung zu vermeiden, und so gab es eine unschöne Auseinandersetzung zwischen ihm und Markus.

Bei einem solchen Satz schreibt jeder Lektor an den Rand *Klingt gestelzt! Drücken Sie das einfacher aus!* Zum Beispiel so:

> Weil kein anderer seiner Freunde Zeit hatte, holte Kevin Markus' Möbel vom Sperrmüll ab. Doch dabei ging einiges zu Bruch. »Hättest du nicht besser aufpassen können?«, rief Markus, als er die abgesplitterten Kanten seines Schranks sah.

Immer wieder streiche ich in Manuskripten von Erstautoren Formulierungen an, die steif und umständlich klingen. Kleine Auswahl:

- »... beförderte am Ende meine Initiative ...« Besser: »... brachte mich dazu ...«
- »... da ich kaum Geldmittel besaß ...« Das passt in einen historischen Roman, doch in diesem Fall spielte die Geschichte in der Gegenwart. Deshalb besser: »... da ich kaum Geld hatte ...«
- »Ihr Leugnen oder Umdeuten der gemeinsam erlebten Realität machte es Friedrich unmöglich, ohne Beeinflussung zu erfahren ...« Besser: »Da sie die gemeinsam erlebte Realität umdeutete oder leugnete ...«

Wenn Sie zu einem steifen Stil neigen, dann versuchen Sie, mehr so zu schreiben, wie Sie sprechen. Denn ich habe noch niemanden getroffen, der solche Sätze wie die eben zitierten in den Mund nimmt. In Schriftstücken und Manuskripten dagegen begegnet man solchen Formulierungen oft. Leider.

Los geht's: Prüfen Sie, wo Sie in Ihrem Manuskript Substantive zu Verben umwandeln könnten und ob es noch umständlich oder steif klingende Passagen gibt, die Sie vereinfachen sollten.

Tipp: *Wenn es Ihnen schwerfällt, sich von einer gestelzten Schriftsprache zu lösen, dann versuchen Sie doch mal, Ihre Geschichten auf Band zu diktieren, und zwar so, wie Sie sie einem guten Freund erzählen würden. Anschließend tippen Sie das Ganze ab.*

Wissen elegant vermitteln

Kritisch wird es oft, wenn Autoren dem Leser Informationen oder Wissen vermitteln möchten. Um hässliche »Infodumps« am Anfang eines Romans ging es ja schon, doch nun sollten Sie den Rest Ihres Manuskripts unter die Lupe nehmen. Denn selbst wenn man Erklärungen umgangssprachlich und locker einbaut, können sie unangenehm belehrend wirken. Das wurde auch der Autorin Cee Neudert klar. Eine Szene ihrer Pferdegeschichte lautete in der ersten Fassung so:

Jetzt ist es aber so, dass ein Pferd, wenn es ein anderes rennen sieht, auch rennt. Die Bjanca ist also ebenfalls losgaloppiert, der Anutschka hinterher. Ich obendrauf.
Das wäre jetzt nicht so schlimm gewesen. Aber anscheinend hat die Kathl auch nicht viel Ahnung vom Reiten. Sie hat nämlich den Sattelgurt nicht nachgezogen.
Mit dem Sattelgurt wird der Sattel am Pferderücken festgeschnallt. Klar, oder? Und diesen Sattelgurt – merkt's euch ein für alle Mal! – muss man, wenn man auf dem Pferd sitzt,

> immer noch mal ein, zwei Löcher enger schnallen! Die Pferde machen das nämlich so: Die blasen ihren Bauch auf, wenn man den Sattel festmacht, und wenn man dann oben sitzt, atmen sie wieder aus, und der Gurt ist zu weit.
> So. Genau das war jetzt also bei mir der Fall. Die Bjanca ist losgerannt, und mein Sattel hat angefangen zu rutschen. Mit mir drauf, rechts den Pferdebauch runter.

Weil die Szene bei den Testlesern nicht gut ankam, überarbeitete sie sie mehrmals. »Ich habe mich im Verlauf der Überarbeitungen immer weiter von der Umgangssprache entfernt«, erzählt Cee Neudert. »Außerdem habe ich die Perspektive verschoben: Die Ich-Erzählerin erlebt die Sache nicht mehr selbst, sondern beobachtet sie nur. Die zweite große Veränderung ist, dass ich die Sattelgurt-Erklärung nicht mehr geballt als ›Lektion‹ vermittle, sondern sich die Infos nach und nach ergeben.« Das las sich im veröffentlichten Roman *Ein Jahr voller Pferde* dann so:

> Obwohl ich ganz hinten war, genoss ich das Wettrennen. Die Schneeflocken stoben unter Moskitos Hufen auf und wirbelten uns um die Ohren. Ich spürte, wie sich das Pony freute, aus dem Stall heraus zu sein.
> Mit einem Mal bemerkte ich etwas Seltsames: Karamell fiel zurück. Was war mit Leo los? Er hing total schief auf dem Pferderücken …
> Bald hatte Moskito Karamell eingeholt. Und da sah ich, was passiert war. Leos Sattel rutschte! Er saß nicht mehr auf Karamells Rücken, sondern hing an ihrer Seite!
> Karamell machte noch einige letzte Schritte. Dann blieb sie stehen und drehte neugierig den Hals, um zu sehen, was ihr Reiter für eigenartige Verrenkungen machte.
> »So ein Mist!«, hörte ich Leo noch schimpfen, dann rutschte er endgültig ab und plumpste in den Schnee. Er machte ein dermaßen dummes Gesicht, dass ich lachen musste.

> Klick! Gut, dass ich meine Kamera immer griffbereit hatte.
> »Was soll das?«, knurrte Leo.
> »Das hänge ich neben die Fotoserie von meinem ersten Ritt auf Joker«, antwortete ich und platzte fast vor Lachen.
> Paula hatte den Pflaumenbaum inzwischen längst erreicht und drehte sich nach uns um. Als sie sah, dass ihr Bruder im Schnee lag, kam sie schnell zu uns zurückgetrabt.
> Leo rappelte sich hoch.
> »Was ist denn passiert?«, fragte Paula, als sie bei uns angelangte.
> Leo sagte nichts, aber ich gluckste: »Sein Sattel! Er hat den Gurt nicht fest genug angezogen. Karamell hat sich natürlich aufgeblasen, als Leo den Sattel festgemacht hat. Als er dann oben saß, hat sie wieder ausgeatmet, und jetzt ist der Gurt zu weit.«
> Da begann auch Paula zu lachen.
> »Das kommt davon, wenn man beim Satteln der Erste sein will und darüber vergisst, nachzugurten!«.

Jetzt zu Ihrem Manuskript. Blättern Sie es durch: Gibt es Szenen, die belehrend wirken könnten, weil Sie darin Informationen vermitteln wollen? Wie könnten Sie die Information eleganter in die Handlung integrieren?

Zu lange und zu kurze Sätze umschreiben

Uns allen rutschen hin und wieder zu lange Sätze ins Manuskript. Jetzt ist der richtige Zeitpunkt, sie aus dem Text herauszufischen. Stilistisch unschön sind zum Beispiel diese hier:

- Mary und Mark betrachteten das alte Sofa, das schon ihren Großeltern gehört hatte, die von Großbritannien nach Deutschland gezogen waren, und waren erstaunt, dass es noch so gut aussah, obwohl der Großvater ein Kettenraucher gewesen war und die Tapeten im Wohnzimmer sich längst gelb gefärbt hatten. Mary fragte: »Wie haben Oma und Opa das Sofa bis nach Deutschland gekriegt, und was ist so besonders daran, dass sie es mitgenommen haben und andere Möbel dagelassen haben, obwohl das Sofa doch gar nicht so englisch aussieht?«.

Wenn man die Sätze gliedert, klingt die Passage gleich besser:

- Mary und Mark betrachteten das alte Sofa, das ihre Großeltern bei ihrem Umzug von Großbritannien nach Deutschland mitgenommen hatten. Es sah erstaunlich gut aus dafür, dass ihr Großvater Kettenraucher gewesen war und die Tapeten im Wohnzimmer sich längst gelb verfärbt hatten. Marlene fragte: »Wie haben Oma und Opa das Sofa bis nach Deutschland gekriegt? Und was ist so besonders daran? Es sieht gar nicht so englisch aus.«

Falls Sie beim Durchlesen einen zu langen, schlecht lesbaren Satz in Ihrem Manuskript bemerken – machen Sie zwei draus, Ihre Leser werden es Ihnen danken. Bei anderen Passagen bemerken Sie vielleicht, dass Ihnen die Sätze etwas kurz geraten sind.

- Mary und Mark betrachteten das alte Sofa. Ihre Großeltern hatten es bei ihrem Umzug von Großbritannien nach Deutschland mitgenommen. Es sah noch erstaunlich gut aus. Dabei war ihr Großvater Kettenraucher gewesen. Die Tapeten im Wohnzimmer hatten sich längst gelb verfärbt.

Geht auch, und vielleicht ist das einfach Ihr Stil. Aber so kurze Sätze können abgehackt oder wie aus einem Kinderbuch stammend klingen. Es kann sinnvoll sein, sie zu längeren Einheiten zu verbinden.

Äußere Gestaltung

»Schreiben ist ein privilegierter Zeitvertreib, ein Luxus. Auch wenn es zugleich anstrengende Arbeit sein kann, wenn man so ein Perfektionist ist wie ich, jede Seite fünfmal umschreibt und sie sich dann noch laut vorliest.«

Andrea Camilleri

Absätze und Seitenzahlen einfügen

Erstautoren vergessen häufig, Absätze zu machen. Das Resultat: ein Textbrei, der auf Leser abschreckend wirkt. Absätze sind wichtig, weil sie den Text in Sinnschritte gliedern und das Erscheinungsbild auflockern. Da es üblich ist, bei jedem Sprecherwechsel eine neue Zeile zu beginnen, helfen Absätze bei Dialogen den Überblick zu behalten, wer gerade spricht.

Hier ein Auszug aus meinem Roman *Ruf der Tiefe*. Schauen Sie sich mal an, wie der ohne Absätze aussieht, und zeichnen Sie zur Übung an, wo Sie eine neue Zeile beginnen würden. Zum Hintergrund: Hauptfigur des Romans ist Leon, ein junger Taucher, der Flüssigkeitsatmung beherrscht und auf der Tiefseestation *Benthos II* aufgewachsen ist. Zusammen mit Lucy, einer zahmen Krake, mit der Leon »von Kopf zu Kopf« kommunizieren kann, sucht er Rohstoffe am Meeresgrund – und hilft mit, wenn es auf der Station Probleme gibt. So wie jetzt gerade nach einem Seebeben…

Vor zwei Jahren war es ein kleines Leck gewesen, nur so groß wie ein Fingernagel, doch das Wasser war unter solchem Druck durch die Öffnung in die Station geschossen, dass der dünne Strahl scharf wie eine Klinge Robsons Handgelenk

> durchtrennt hatte. Wer wusste, wie groß das Leck diesmal war! Paula war schon in der Schleuse und dabei, in den Hardsuit zu klettern. »Hey, danke, dass du mitkommst. Der pure Luxus, jemanden zu haben, der mir die Werkzeuge in die Klaue drückt.« »Keine Ursache. Hauptsache, wir kriegen das Ding dicht.« Rasch zog sich Leon aus, warf den Overall beiseite und schlüpfte in eine seiner OxySkins, die sorgfältig getrocknet und gereinigt bereitlagen. Glatt und weich fühlte die dünne Membran sich an, doch er war zu nervös, um das Gefühl zu genießen, im Geiste ging er schon die Checkliste durch, hakte sie Punkt für Punkt ab. Das Spray nicht vergessen, das seinen Rachen betäubte und den Hustenreflex unterdrückte – Batteriecheck – Werkzeuggürtel vollständig – Ultraschall-Sprechverbindung aktiviert – alle Membranen des Anzugs durchlässig und funktionstüchtig? *Gleich bin ich bei dir, Lucy. – Ja, bitte schnell, bevor wieder das Wackeln kommt! – Sag mir wieder rechtzeitig Bescheid, okay? Sobald du etwas spürst. – Mach ich!* Schließlich war alles bereit. Leon hielt den Atem an, versiegelte die Membran über seinem Gesicht und begann den Anzug mit dem vorgewärmten, sauerstoffreichen Fluo zu füllen. Der erste Atemzug, der die Flüssigkeit in seine Lungen strömen ließ, war immer der schwerste. Selbst nach all den Jahren fühlte es sich ein bisschen an wie Ertrinken, und ohne das Spray hätte sich sein Körper instinktiv gegen diese Zumutung gewehrt.

Und so taucht der Text im gedruckten Buch auf – inklusive Absätze. Es wäre zwar auch möglich gewesen, sie an einer anderen Stelle zu setzen, doch ich habe mich für diese hier entschieden.

> ■ Vor zwei Jahren war es ein kleines Leck gewesen, nur so groß wie ein Fingernagel, doch das Wasser war unter solchem Druck durch die Öffnung in die Station geschossen, dass der dünne Strahl scharf wie eine Klinge Robsons Handgelenk durchtrennt hatte. Wer wusste, wie groß das Leck diesmal war!

Paula war schon in der Schleuse und dabei, in den Hardsuit zu klettern. »Hey, danke, dass du mitkommst. Der pure Luxus, jemanden zu haben, der mir die Werkzeuge in die Klaue drückt.«

»Keine Ursache. Hauptsache, wir kriegen das Ding dicht.«

Rasch zog sich Leon aus, warf den Overall beiseite und schlüpfte in eine seiner OxySkins, die sorgfältig getrocknet und gereinigt bereitlagen. Glatt und weich fühlte die dünne Membran sich an, doch er war zu nervös, um das Gefühl zu genießen, im Geiste ging er schon die Checkliste durch, hakte sie Punkt für Punkt ab. Das Spray nicht vergessen, das seinen Rachen betäubte und den Hustenreflex unterdrückte – Batteriecheck – Werkzeuggürtel vollständig – Ultraschall-Sprechverbindung aktiviert – alle Membranen des Anzugs durchlässig und funktionstüchtig?

Gleich bin ich bei dir, Lucy.

Ja, bitte schnell, bevor wieder das Wackeln kommt!

Sag mir wieder rechtzeitig Bescheid, okay? Sobald du etwas spürst.

Mach ich!

Schließlich war alles bereit. Leon hielt den Atem an, versiegelte die Membran über seinem Gesicht und begann den Anzug mit dem vorgewärmten, sauerstoffreichen Fluo zu füllen. Der erste Atemzug, der die Flüssigkeit in seine Lungen strömen ließ, war immer der schwerste. Selbst nach all den Jahren fühlte es sich ein bisschen an wie Ertrinken, und ohne das Spray hätte sich sein Körper instinktiv gegen diese Zumutung gewehrt.

Wichtig sind neben den Absätzen außerdem Seitenzahlen, haben Sie schon welche eingefügt? Sie werden häufig vergessen – fast zwei Drittel aller Texte, die ich von Erstautoren bekomme, haben keine. Und jedes Mal ärgere ich mich darüber. Denn wenn mir beim Lesen die Seiten durcheinanderkommen, das Manuskript herunterfällt oder beim Ausdruck ein Papierstau auftritt, habe ich kaum eine Chance, den Text wieder in die richtige Reihenfolge zu bringen.

Rechtschreibprüfung durchführen

Texte, die vor Rechtschreibfehlern strotzen, mag kein Agent lesen, und die Lektorin legt das Manuskript mit spitzen Fingern auf den »Ablehnen«-Stapel. Leser ärgern sich erst recht, wenn sie ein selbst verlegtes Buch gekauft haben und feststellen, dass der Autor auf eine gründliche Korrektur verzichtet hat. Sorgen Sie dafür, dass der erste Eindruck von Ihrem Manuskript ein guter ist!

- Lesen Sie Ihren Text noch einmal gründlich durch und machen Sie sich die Mühe, so viele Tippfehler wie möglich zu markieren und zu ändern. Das ist eine Menge Arbeit, besonders wenn Sie der Typ sind, der spontan und rauschhaft schreibt. Aber die Arbeit lohnt sich.
- Lassen Sie Ihren Text von der Rechtschreibfunktion prüfen. Das wird sogar im Verlag gemacht, bevor das Manuskript in den Satz geht.
- Lassen Sie das Manuskript von jemandem aus Ihrem Freundeskreis korrigieren, der gut in neuer Rechtschreibung ist. Findet sich niemand, dann können Sie eine Deutschlehrerin oder einen professionellen Korrektor anheuern. Mehr darüber im Kapitel »Bezahlte Hilfe«.
- Arbeiten Sie an Ihren wiederkehrenden Fehlern! Manchmal sind es nur wenige Rechtschreibfehler, die einem unterlaufen, und zwar immer die gleichen, weil man eine bestimmte Regel einfach nicht in den Kopf bekommt. Viele Erstautoren wissen beispielsweise nicht, wie die richtige Zeichensetzung bei Dialogzeilen aussieht. (»Und zwar so«, sagte Marlene. »Alles klar!«, meinte Markus.) Ebenso oft wird vergessen, dass hinter jedes Komma und jeden Punkt ein Leerzeichen gehört. Welche »Lieblingsfehler« haben Sie? Lassen Sie ein paar Seiten Ihres Texts korrigieren, analysieren Sie die Korrekturen und üben Sie speziell diese Probleme, bis sie keine mehr sind.
- Wenn Sie wirklich viel schreiben und Probleme mit der Rechtschreibung haben, lohnt sich ein Kurs (gibt es als Buch oder als Workshop bei der Volkshochschule).

Tipp: *Manche Autoren und Autorinnen (meist Letztere) verwenden sehr viele Ausrufungszeichen; in einem Text, den ich mal lektoriert habe, endete fast jeder zweite Satz damit. Dadurch klang der Text aufgeregt, fast schon hysterisch, und die Wirkung dieses Satzzeichens verpuffte. Ähnlich im wirklichen Leben: Wenn jemand ständig aufgeregt herumschreit, kann man das nicht mehr ernst nehmen. Verwenden Sie Ausrufungszeichen also sparsam. Wussten Sie, dass es in veröffentlichten Büchern nicht üblich ist, mehrere Satzzeichen hintereinander zu verwenden!!?*

Schreibweisen vereinheitlichen

Jetzt ist es an der Zeit, die Schreibweisen von Namen, Orten und Begriffen zu vereinheitlichen. Achten Sie beim Durchlesen darauf:

- Schreiben Sie einmal »Blaugrün« und einmal »Blau-grün«? Heißt Ihre Figur einmal Jonas Kimming und einmal Jonas Kiming?
- Zu vereinheitlichen gibt es noch mehr: Zum Beispiel Zahlenschreibweisen, Abkürzungen und Bindestrich-Schreibweisen.
- Auch die Gestaltung sollte möglichst einheitlich sein, Kapiteltitel zum Beispiel sollten immer die gleiche Größe haben und die Zahl der Leerzeilen davor und danach sollte gleich sein. Schön sieht es aus, wenn jedes neue Kapitel auf einer neuen Seite beginnt.
- Literaturangaben sollten ebenfalls alle einheitlich sein, sonst verflucht Sie Ihr Lektor. Ich schreibe sie immer so: Autor (Hg.), *Buchtitel,* Erscheinungsort, Erscheinungsjahr. Aber es gibt noch andere Zitierformen.

Auf Normseiten umformatieren

Während ich ein Manuskript schreibe, knalle ich jede Seite gnadenlos voll – um einen besseren Überblick über den Text zu haben und bei Probeausdrucken Papier zu sparen. Doch Testlesern, Verlagen und Agenten kann man solche Seiten nicht zumuten – nicht nur, weil sie nicht gerade zum Lesen einladen, sondern weil zu wenig Platz ist, um Kommentare und Korrekturen an den Rand zu schreiben. So sollten Sie Ihr Manuskript gestalten:

- Ein Deckblatt, auf dem schön groß der Titel Ihres Werks steht, außerdem Ihr Name oder Künstlername, evtl. als Gedächtnisstütze für Sie die Versionsnummer des Texts (zum Beispiel »Version B«) und unten kleiner eine Zeile mit Ihren sämtlichen Kontaktdaten.
- Im Fließtext einen Zeilenabstand von 1,5
- Breite Ränder oben, unten und besonders links und rechts (oben: 3,5 cm, unten: 4 cm, rechts: 4,8 cm, links: 4 cm)
- Eine Kopfzeile auf jeder Seite mit Ihrem Namen und Ihrer Adresse
- Haben Sie an die Seitenzahlen gedacht?

Jetzt hat – bei einer Schriftgröße von 12 Punkt – Ihr Text ungefähr die Form von »Normseiten«, die Verlage sich wünschen. Auf einer Normseite sind nur 1800 Anschläge, das heißt 30 Zeilen mit 60 Zeichen. Der Anfang meines Romans *Ruf der Tiefe* sah im Manuskript beispielsweise so aus:

Wenn die anderen Taucher außerhalb der Station waren, schalteten sie sofort die Lampen an und verließen sich auf ihren starken Schein, der die kahle Landschaft des Meeresbodens erhellte. Leon hatte immer das Gefühl, dass sie verzweifelt die Finsternis zurückzudrängen versuchten. Doch die Dunkelheit umgab sie, sie konnten ihr sowieso nicht entgehen, und die dünnen Lichtfinger der Kopf- und Handlampen fand Leon eher jämmerlich. Dadurch entging den anderen mehr, als sie sahen.

Leon mochte die Dunkelheit der Tiefsee. Wenn er allein tauchte oder mit Lucy, dann schaltete er oft die Lampe ab. Die völlige Schwärze machte ihm nichts aus, irritierte ihn nicht – die Dunkelheit umhüllte ihn wie ein Mantel, und er fühlte sich geborgen in ihr. Nach einer Weile hatten sich seine Augen an die Umgebung gewöhnt, und er sah das, was die anderen verpassten. Das schwache Leuchten der Tiefseegarnelen. Den glimmenden Punkt, der einen Anglerfisch verriet – über seinem unförmigen Körper hing eine verlängerte Flosse, die einer Angel glich. Mit der wie eine Laterne leuchtenden Spitze lockte er Beute vor sein zähnegespicktes Maul. Das schnelle Blink-Blink eines Blitzlichtfisches, der die leuchtenden Flecken unter seinen Augen buchstäblich an und aus knipsen konnte, indem er ein Lid darüber schob.

Seine Nachbarn. Sie störten sich nicht an ihm, wenn er sich unter ihnen bewegte. Er war ein Teil dieser Welt.

Tief sog Leon mit Sauerstoff angereicherte Flüssigkeit, von seinem Anzug bereits auf Körpertemperatur angewärmt, in seine Lungen. Schon längst fühlte es sich nicht mehr fremd an, etwas Ähnliches wie Wasser zu atmen – schließlich machten das Fische und Kraken die ganze Zeit, mit ihren Kiemen nutzten sie den Sauerstoff im Meer. Ihm kam es viel seltsamer vor, Luft zu atmen, ein so dünnes Zeug, dass man richtig japsen musste.

Einen guten Titel/Arbeitstitel finden

Als letztes sollten Sie in dieser Überarbeitungsphase den Titel Ihres Werks unter die Lupe nehmen. Ein guter Titel ist enorm wichtig, um gedruckt und gelesen zu werden. Beispiele für richtig gute Titel: *Das Labyrinth der Wörter; Ich schlage vor, dass wir uns küssen; Der Geschmack von Apfelkernen; Wer schön sein will, muss reisen; Die Besteigung der Eiger-Nordwand unter einer Treppe; Das Schicksal ist ein mieser Verräter; Tintenherz.* Schlechte Titel dagegen sind nichtssagend, verkünstelt, blass oder unpassend. Wie steht es um den Titel Ihres Manuskripts?

- Ist die Bedeutung klar?
- Macht er neugierig auf den Text?
- Könnten ihn manche Menschen als langweilig oder uncool empfinden?
- Was für Titel haben Konkurrenzwerke? Wenn Sie nachforschen, merken Sie, was in Ihrem Genre üblich ist. Im Jugendbuch beispielsweise sind zurzeit sehr kurze und englische Titel »in«.
- Passt der Titel zu Inhalt und Stimmung Ihres Texts?
- Im Sachbuch: Haben Sie möglichst viele Stichwörter in Titel und Untertitel gepackt, die Ihr Buch bei einer Suche per Computer oder im Internet auffindbar machen?

Jedem meiner Romane gebe ich einen Arbeitstitel und entwickle gleichzeitig etwa fünf bis zehn Alternativtitel, denn der Verlag möchte normalerweise eine Auswahl haben für eigene Titeldiskussionen. Bei jedem Arbeits- oder Alternativtitel sollten Sie überprüfen, ob es ihn schon gibt, das kann man sehr bequem beispielsweise beim Online-Buchhändler Amazon. Auf diese Art habe ich schon einige tolle Titelideen eingebüßt. Zum Beispiel hatte ich für meinen Jugendkrimi den Titel *Schwarze Sekunden* angepeilt – aber den gab's schon. Mist! Später erschien der Roman als *Libellenfänger*. Übrigens eine etwas überraschende Idee des Verlags – und weil sie mir gefiel, schrieb ich die Libellen (die sowieso zu meinen Lieblingstieren zählen) nachträglich ins Manuskript.

Ob ein Verlag Ihren Arbeitstitel übernimmt, ist Glückssache. Wenn Sie sich nicht mit dem Titelvorschlag des Verlags identifizieren können, sollten Sie versuchen, mit möglichst guten Argumenten dagegen zu protestieren. Das hilft nicht immer, aber manchmal.

Checkliste Schritt 2

Thema/Frage	Projekt:	Projekt:	Projekt:
Fakten			
Fakten gecheckt?			
Logik überprüft?			
Sachbuch: Zitate freigegeben?			
Ton/Dialoge/Atmosphäre/Tempo			
Passt der Ton allgemein und in jeder Szene?			
Dialoge lebensecht?			
Bedeutungslose Dialoge gestrichen?			
Dialog-Gestaltung überprüft?			
Genug (aber nicht zu viel) Beschreibung?			
In jeder Szene Sinneseindrücke geschildert?			
Richtiges Erzähltempo gefunden?			
Langatmige Szenen gestrafft?			
Zu knappe Szenen ausgebaut?			
Stil und Sprache			
Wiederholungen aufgespürt?			
Füllwörter eliminiert?			
Sätze, mit denen Sie noch nicht zufrieden waren, umformuliert?			
Überflüssige Adjektive gestrichen?			
Abgenutzte Ausdrücke entfernt?			
Vergleiche und Metaphern überprüft?			
Passiv in Aktiv umgewandelt?			

Thema/Frage	Projekt:	Projekt:	Projekt:
Substantivierungen in Verben umgewandelt?			
Wissen elegant eingebaut?			
Zu lange und zu kurze Sätze verbessert?			
Gestaltung			
Absätze gemacht?			
Schreibweisen vereinheitlicht?			
Auf Normseiten umformatiert?			
Seitenzahlen eingefügt?			
Guten Arbeitstitel gefunden?			

Schritt 3 – Überarbeiten nach Feedback

»Ich mag es, einem Buch den letzten Schliff zu geben.«
David Lodge

Mittel gegen die Betriebsblindheit

> »Es hat Vorteile, die Sache zu überschlafen. Am einen Tag herrscht Tiefdruck im Gehirn, am nächsten Morgen ist der Himmel wieder klar. Oder es regnet in Strömen. Wie das Wetter auch aussehen mag: Es geht weiter.«
>
> *Aris Fioretos*

Vielleicht hatten Sie in den letzten Kapiteln den einen oder anderen Aha-Effekt – ich würde mich freuen. Möglicherweise haben Sie aber gemerkt, wie schwer es ist, einen eigenen Text zu beurteilen. Ein paar Maßnahmen, damit Ihnen das in Zukunft leichter fällt:

- *Lassen Sie den Text eine Weile ruhen.* Guter Wein und Whisky brauchen ein paar Jahre, um zu reifen. Wenn Sie einen frisch geschriebenen Text ein paar Wochen, Monate oder Jahre beiseite legen, reifen zwar nicht die Worte, die Sie aufgeschrieben haben – aber Sie. Mit etwas zeitlichem Abstand haben Sie sich etwas von dem entfernt, was Sie geschrieben haben, und können es leichter beurteilen. Manchmal denkt man nach einem erneuten Blick in sein Manuskript entsetzt: »Was für einen Mist habe ich denn da fabriziert?« Doch keine Sorge, solche Einschätzungen ändern sich immer wieder. Beim nächsten Reinlesen finden Sie den Roman vielleicht genial.
- *Lesen Sie sich den Text laut vor oder lassen Sie ihn sich vorlesen.* Mein erstes Schlüsselerlebnis zu diesem Thema hatte ich im Frankfurter Autorenkreis, dem ich als Studentin angehörte. Dort war es üblich, Texte nicht selbst zu lesen, sondern jemandem anders zu geben, der ihn dann vortrug. Eine faszinierende Erfahrung: Ich hörte meinen Text, als habe ihn jemand anders geschrieben, und konnte plötzlich viel klarer benennen, was daran nicht stimmte. Zweites Schlüs-

selerlebnis: Ich bereitete eine Lesung aus meinem Roman vor und las die ausgewählten Passagen zur Übung laut vor. Und fand dabei in meinem bereits lektorierten, veröffentlichten Roman Wortwiederholungen und Sätze, die man hätte optimieren können! Schrecklich. Seither empfehle ich, den Text möglichst *vor* der Veröffentlichung laut zu lesen.

- *Holen Sie sich Feedback in Workshops und Autorengruppen.* Es ist ein sehr spannendes Erlebnis, »live« zu erfahren, wie andere auf den eigenen Text reagieren. Suchen Sie sich also wenn möglich eine Autorengruppe, in der Sie Ihre Texte mit anderen diskutieren können. Auch Schreibworkshops – ob ein hochkarätiger Kurs bei der Bundesakademie Wolfenbüttel oder eine Textwerkstatt bei der Volkshochschule um die Ecke – können Sie weiterbringen. Es kostet jedoch ein wenig Mut, die eigene kreative Leistung einer Gruppe vorzustellen. Damit es keine negative Erfahrung wird, sollten Sie das nur in Gruppen tun, in denen ein Klima gegenseitigen Vertrauens herrscht und positiv-konstruktiv mit Texten umgegangen wird.
- *Suchen Sie sich Testleser.* Testleser sind Menschen, die Ihren Text kritisch lesen, wenn möglich mit Randbemerkungen versehen und anschließend kommentieren. Ich gebe mein Manuskript erst dann raus, wenn die Rohfassung fertig ist, andere lassen schon vorher Teile davon testlesen – je nach Geschmack. Sein Manuskript auf diese Weise prüfen zu lassen, ist ein wichtiger Baustein des Selbstlektorats. Mehr darüber im nächsten Unterkapitel.

Wenn Sie bereits Profi sind, haben Sie wahrscheinlich nicht die Zeit, den Text (zum Beispiel einen Roman) eine Weile reifen zu lassen – vielleicht drängt der Abgabetermin schon. In diesem Fall würde ich empfehlen, sich das Manuskript laut vorzulesen und kritische Passagen, zum Beispiel den Anfang und Szenen, mit denen Sie noch nicht zufrieden sind, in einer Autorengruppe oder mit Vertrauten zu diskutieren. Außerdem könnten Sie das Manuskript Testlesern geben, die erfahrungsgemäß schnell sind. Dann können Sie deren Feedback noch in die letzte Überarbeitung vor der Manuskriptabgabe einfließen lassen.

Testleser und wie man sie findet

> »Bitte einen oder zwei belesene Freunde, es anzusehen, bevor du es jemandem im Verlagswesen zeigst. Mit diesem Freund solltest du aber keine Liebschaft haben, es sei denn, du möchtest sie beenden.«
>
> *Margaret Atwood*

Bei meinem Roman *Im Bann des Vulkans* war ich meinen Testlesern wieder einmal sehr dankbar. Als ich das Manuskript in der ersten Fassung fertig hatte, liebte ich es sehr und dachte, ich müsse wahrscheinlich nicht viel ändern. Doch meine Freunde und Kollegen brachten mich schnell auf den Boden zurück. Zwei bemängelten, dass sie mit der Hauptfigur Jan nicht klarkamen, weil er nicht genug Profil hatte. Ich steckte nochmal einige Arbeit in seine Charakterisierung, und das lohnte sich, er wurde glaubwürdiger und sympathischer. Ein Junge, der zum ersten Mal für mich testlas, meinte unter anderem, das Ende des Romans ginge ihm zu schnell, und als ein anderer Testleser das ebenfalls anmerkte, schrieb ich einen Epilog, der zu einem wichtigen Teil des Romans wurde. Einer der fachlichen Testleser verstand eine Szene falsch, und so toll war sie sowieso nicht, ich warf sie schließlich aus dem Roman. Dies sind nur drei Beispiele für Änderungen, durch die die Geschichte Schritt für Schritt reifte.

Und wie immer stellte ich fest, dass ein Testleser allein nicht gereicht hätte. Denn jeder liest ein Manuskript anders. Eine meiner Testleserinnen, die selbst Autorin ist, hat ein tolles Gespür für Handlung und psychologische Feinheiten, eine andere (zur Zeit Studentin der Buchwissenschaften) schaut eher auf Stil, Logik und Rechtschreibung. Manche Testleser hatten wenig Zeit und schrieben nur eine Zusammenfassung ihrer Eindrücke, andere kommentierten den Text ausführlich am Rand. Fehler, die den einen durchrutschten, entdeckten andere. Außerdem ergänzten sich die Temperamente und Geschmäcker: Die eine fand den Roman großartig, der andere konnte sich nicht damit anfreunden. Dadurch, dass ich mehrere Meinungen hatte (teils sehr gute Beurteilungen), konnte ich auch mit harter Kritik gelassen umgehen, sie zog mich nicht so herunter, dass ich Lust gehabt hätte, das Manuskript in die Mülltonne zu pfeffern. Denn das ist eine der großen Gefahren von Testlesern – wenn sie schroff kritisieren, kann das viel Motivation kosten. Und die braucht man als Autor dringend, denn vom ersten Entwurf bis zum fertigen Buch ist es ein langer, mühsamer Prozess, der viel Kraft kostet.

Tipp: *Sich Kritik anzuhören, ist nicht angenehm – aber denken Sie daran: Jetzt können Sie etwas damit anfangen. Noch können Sie alles im Manuskript ändern, was Sie möchten. Ist das Buch erst einmal erschienen, wird Ihnen die Kritik öffentlich um die Ohren gehauen. Eine schlechte Rezension werden Sie nicht wieder los, und für Änderungen ist es dann zu spät.*

Testleser können also einen wertvollen Beitrag leisten. Aber wie findet man welche? Zu meinen Testlesern bin ich auf sehr unterschiedliche Art gekommen. Von den dreizehn Testlesern von *Im Bann des Vulkans* waren zwei Kolleginnen – eine erfahrene Autorin, mit der ich schon lange befreundet bin, und eine bisher unveröffentlichte Autorin, die ich in einem Schreibworkshop kennengelernt hatte. Drei waren ehemalige Praktikantinnen, die wissen, wie man richtig testliest, schließlich habe ich sie selbst ausgebildet. Hinzu kamen noch ein Freund, der viel liest und dadurch ein gutes Urteilsvermögen hat, sowie ein junger Fan, mit dem ich schon seit einiger Zeit hin- und her gemailt hatte. Dazu noch mein Mann und meine Schwester. Bei diesem besonderen Projekt hatte ich außerdem vier fachliche Testleser – zwei Vulkanologen, ein Dokumentarfilmer und eine Italien-Spezialistin – die das Manuskript auf inhaltliche Fehler anschauten (und darüber hinaus interessante Anregungen gaben). Das klingt nach wahnsinnig vielen Leuten, aber Sie können auch mit weniger arbeiten, zwei oder drei Testleser sind für die meisten Manuskripte völlig ausreichend.

So können Sie Testleser finden:

- *In Ihrem Freundes- und Bekanntenkreis*: Wer von Ihren Freunden liest viel, und am besten das gleiche Genre wie Ihr Manuskript? Wer erkundigt sich hin und wieder nach Ihren Schreibfortschritten und zeigt Interesse an Ihren Manuskripten oder Lesungen? Ihre Testleser müssen nicht nebenan wohnen, Sie können Ihr Manuskript ja auch per Post oder Mail versenden. Es sollte jemand sein, der den Text innerhalb von ein bis zwei Monaten lesen kann, chronisch von Zeitmangel geplagte Freunde kann man gleich von der Liste streichen. Oder Sie senden nur den Anfang des Romans oder eine bestimmte Szene, nicht das ganze Manuskript.
- *Andere Autoren*: Wenn Sie an Schreibworkshops oder Autorentreffen teilnehmen, lernen Sie andere Menschen kennen, die schreiben. Wer ist Ihnen sympathisch, wer schreibt vielleicht im gleichen Genre wie Sie, wer kommt mit Ihrem Stil gut klar? Auch in Internetforen lernt man oft andere Autoren kennen und kann sich zielgerichtet jemanden aussuchen, der nett wirkt und durch begründete Kritik auffällt.

  Von anderen Autoren können Sie die hilfreichsten Kommentare erwarten, da sie wissen, worauf es bei einem Text ankommt. Im Vordergrund steht die gegenseitige Hilfe, man tauscht also meist Manuskripte oder Teile davon aus.
- *Familienmitglieder:* Wer einen Ehepartner oder anderen Verwandten hat, dem er Manuskripte zur Beurteilung geben kann, darf sich glücklich schätzen. Aber nützliche Kritik kann man aus der Verwandtschaft nicht immer erwarten. »Schreib doch mal was Lustiges!«, bekam eine meiner Praktikantinnen von ihrer Mutter zu hören, als sie sich nach viel Überwindung getraut hatte, ihr einen ihrer (eher düsteren) Texte zu geben. Das war das erste und letzte Mal, dass diese Mutter etwas lesen durfte. Andere Verwandte sind möglicherweise begeistert, weil Sie etwas zu Papier gebracht haben, dass sie den Text überschwänglich loben, selbst wenn er offensichtlich Schwächen hat.

Einen noch frischen Text aus der Hand zu geben, fällt schwer, und man möchte, dass sein »Baby« gut behandelt wird und Wertschätzung erfährt, auch wenn es (noch) nicht perfekt ist. Suchen Sie also jemanden, der ehrlich seine Meinung sagt, aber dabei immer ermutigend bleibt. »Ganz wichtig ist für mich, dass ich meinen Testlesern vertrauen kann«, erzählt die bekannte Kinder- und Jugendbuchautorin Isabel Abedi. »Ich muss sie gut kennen, inklusive ihrer Leseeigenschaften, Vorlieben und Abneigungen. Das hilft mir, ihre Sicht auf mein eigenes Manuskript besser einordnen zu können. Außerdem ist für mich entscheidend, dass sie konstruktiv kritisieren und mir neben Passagen, die ihnen nicht gefallen, zeigen, welche Szenen oder Sätze sie mochten.«

Vorsicht, *wenn Sie Texte in Internetforen präsentieren. Hier wird oft sehr hart und verletzend kritisiert! Beobachten Sie das Forum eine Weile, bevor Sie selbst etwas einstellen, um herauszufinden, wie der Ton ist und ob die Kritik etwas taugt. Und stellen Sie aus urheberrechtlichen Gründen besser keinen ganzen, noch unfertigen Roman ins Netz!*

Nicht immer werden die gleichen Leute mehrmals für Sie testlesen. Unter meinen Testlesern gibt es immer wieder Wechsel – manche haben sich nicht bewährt, weil sie zu wenig oder undifferenziertes Feedback geben, andere brauchen zu lange oder haben gerade keine Zeit. Auch das Genre liegt nicht jedem, manche meiner Testleser mögen zum Beispiel Thriller, haben aber nichts für Fantasy übrig. Oder umgekehrt. Ich kann also nicht jedem jedes Manuskript geben, sondern wähle für jedes Projekt neu aus, wer als Testleser dafür in Frage kommt.

Testleser richtig anleiten

Wenn sich jemand bereit erklärt hat, Ihr Manuskript zu lesen, ist das ein Glücksfall und Sie sollten ihm oder ihr das Testlesen so leicht und angenehm wie möglich machen. Lesen Sie Ihr Manuskript, bevor Sie es rausgeben, sorgfältig Korrektur, damit sich Ihre Testleser nicht an schlechter Rechtschreibung und einer Vielzahl von Tippfehlern stören. Das lenkt von den viel wichtigeren Fragen ab, nämlich Handlung, Figuren, Aufbau und Sprache.

Ihr Manuskript sollte leicht zu transportieren und zu kommentieren sein. Ich drucke mein Manuskript für Testleser immer einzeilig aus (also nicht im Normseiten-Format!), damit sie es nicht mit einem abschreckenden Riesenstapel Papier zu tun haben. Die Schriftart ist nicht zu klein, das Schriftbild gut lesbar. Breite Ränder lassen genug Platz, um Kommentare danebenzuschreiben – auf eine übervolle Seite passen keine hilfreichen Vorschläge.

Das Ganze lasse ich im Copyshop doppelseitig kopieren – das macht das Manuskript handlicher – und anschließend ringbinden. Jetzt können Testleser auch in der S-Bahn, im Fitnessstudio oder am Badesee darin schmökern. Manche Testleser lassen sich das Manuskript per Mail schicken, aber die meisten bevorzugen einen Ausdruck, schließlich macht es wenig Vergnügen, lange Texte am Bildschirm zu lesen. Und einen kompletten Roman auszudrucken, kostet Geld und macht Mühe. Mailen Sie den Ausdruck also wirklich nur dann, wenn Ihr Textleser es ausdrücklich so möchte oder es nicht anders geht (ich hatte schon deutschsprachige Testleser in den USA und Neuseeland).

Testleserfreundliche Manuskriptgestaltung

- Einzeiliger Ausdruck
- Reichlich Platz für Kommentare (mind. 4 cm am rechten Rand, oben und unten ca. 3,5 cm)
- Schriftgröße 12 Punkt
- Seitenzahlen einfügen
- Dicke Romane doppelseitig ausdrucken oder kopieren und ringbinden lassen

Ihre Testleser sollten möglichst genau wissen, was von ihnen erwartet wird, damit beugen Sie enttäuschenden Ergebnissen vor. Wenn jemand zum ersten Mal mitmacht, schicke ich ihm oder ihr diese Mail dazu:

- Liebe XXX,
  als Testleserin bekämst du von mir das Manuskript in der ersten Fassung (im aktuellen Fall »XXX«, wird irgendwann diesen Sommer fertig) und solltest mir möglichst ausführlich von deinen Eindrücken von dem Text berichten (positiven und negativen, zum Beispiel zu Stil, Figuren, Spannung, Logik, Ideen, Anfang und Schluss etc.). Damit kann ich das, was dir und anderen nicht gefallen hat, noch ändern und weiß, welche Passagen gut ankommen und an welchen ich noch arbeiten muss. Sehr nützlich sind für mich auch spontane Randbemerkungen im Text, damit ich weiß, was dir beim Lesen durch den Kopf gegangen und direkt aufgefallen ist. Die Rechtschreibung ist unwichtig, auf die brauchst du nicht achten – darum kümmert sich zum Schluss die Lektorin. Fürs Testlesen hättest du ca. 3 Wochen Zeit.
  Als Dank erwähne ich dich in der Danksagung des Buchs und du bekommst von mir ein signiertes Vorab-Exemplar.
  Natürlich musst du den Inhalt des Manuskripts bis zur Veröffentlichung geheim halten und darfst den Text nicht weitergeben.
  Falls dich das alles anspricht und du denkst, dass du sowas kannst, dann schick mir deine Postadresse, damit ich dir das Manuskript zusenden kann, wenn die erste Fassung fertig ist!
  Viele Grüße, deine
  Katja Brandis

Und nach der Übergabe der Erstfassung geht das Warten los. Für Sie als Autor oder Autorin fast unerträglich. Nachfragen darf man nach etwa zwei Wochen. Wenn Sie länger als einen Monat lang nichts hören, müssen Sie davon ausgehen, dass Ihr Manuskript dem jeweiligen Testleser nicht besonders gefallen hat.

Endlich kommt das Feedback! Im Idealfall ausführlich. Häufiger ist aber eine nicht sehr detaillierte Rückmeldung, denn manchen Menschen fällt es schwer, in Worte zu fassen, was ihnen an einem Text gefallen und was sie gestört hat. Geben Sie sich nicht mit vagen Bemerkungen oder einem einfachen Lob wie »Hat mir gefallen« zufrieden. Lob fühlt sich im ersten Moment gut an, bringt Sie aber nicht weiter. Haken Sie – am besten mündlich – nach und quetschen Sie Ihren Testleser, zum Beispiel einen Freund, über seine Eindrücke aus (in diesem Fall zu einem Roman).

- Fiel es dir leicht, in den Text reinzukommen?
- Wie fandest du die Grundidee?
- Waren dir die Figuren sympathisch? Gab es jemanden, den du dir nicht so gut vorstellen konntest oder den du nicht leiden konntest?
- Welche Stellen haben dir besonders gut gefallen?
- Gab es Stellen, die du langweilig fandest und am liebsten überblättert hättest?
- Hast du das Manuskript mal längere Zeit liegengelassen, und wenn ja, an welcher Stelle?
- Hast du schon geahnt, wie sich die Handlung entwickelt, oder hat dich manches überrascht?
- Wie hat dir das Manuskript sprachlich gefallen? Hat dich irgendetwas gestört?
- Wie fandest du den Schluss?
- Was sollte ich deiner Meinung nach noch an dem Manuskript ändern?
- Hättest du den Roman im Laden gekauft bzw. im Internet runtergeladen? Wenn nicht, warum nicht?

Testleser »erziehen«
Ein Erfahrungsbericht von Gabi Neumayer

»Verwandte und Freunde sind keine guten Testleser«, hört man immer wieder. Ich meine: Jeder kann ein guter Testleser sein – wenn man ihn richtig »erzieht«.

Zwei meiner besten Testleserinnen sind meine Schwestern. Das war zu Beginn noch nicht so: Wir haben einiges ausprobiert, bis unsere Zusammenarbeit optimal lief. »Am Anfang hatte ich immer ein schlechtes Gewissen, wenn ich etwas kritisiert habe«, sagte meine Schwester Claud, als ich sie darauf ansprach. »Aber du hast immer wieder darauf bestanden, wirklich alles zu erfahren, was mir auffällt. Und du hast betont, dass du meine Hinweise brauchst, damit du Fehler beheben kannst und die Geschichte besser werden kann.«

Um zu zeigen, wie ernst es mir war, habe ich meinen Testleserinnen damals Fragebögen mit Hilfsfragen zu Plot, Charakteren, Spannung, Dialogen etc. an die Hand gegeben. Mit der Bitte, den Text erst einmal ohne Vorgaben zu lesen und dann ein zweites Mal mit den Fragen in Sichtweite oder im Hinterkopf. Inzwischen haben sie genug Erfahrung und Selbstbewusstsein und brauchen keine Hilfe mehr.

Jede Bitte um gnadenlose Kritik fruchtet jedoch nicht, wenn man sie nicht ernst meint. Dazu noch einmal meine Schwester: »Du hast alles immer so cool aufgenommen, dass ich mich mit der Zeit immer öfter getraut habe, auch Kleinigkeiten anzusprechen.«

Hah! Cool war ich zu Beginn überhaupt nicht. Mir war nur klar, dass ich meine Testleser auf keinen Fall verschrecken durfte. Darum bin ich damals schon so vorgegangen wie heute: Wenn ich einen Kritikpunkt nicht verstehe oder total bescheuert finde, verteidige ich mich nicht, sondern notiere ihn einfach, um später in Ruhe darüber nachzudenken. Das war zu Anfang viel schwieriger als heute, weil ich damals oft nicht wusste, ob das angesprochene Problem wirklich eins war, und wenn ja, wie ich es beheben sollte. Heute weiß ich: Egal, wie schwerwiegend die Kritik scheint – wenn ich eine Nacht darüber schlafe, finde ich eine Lösung (na gut, manchmal sind's auch zwei Nächte).

Wichtig ist für mich – und für meine Testleserinnen –, dass ich ihre Anmerkungen nicht nur schriftlich bekomme, sondern dass wir auch persönlich darüber sprechen. Dabei erfahre ich oft noch einiges mehr als das, was sie notiert haben. Außerdem kann ich im Telefonat Dinge ansprechen, die meine Testleserinnen nicht angemerkt haben, die mir selbst aber kritisch erscheinen.

Tipp: *Manchmal hat man Pech mit seinen Testlesern. Manche verbeißen sich zum Beispiel in irgendwelche Kleinigkeiten, regen sich furchtbar darüber auf und verlieren den Gesamteindruck des Manuskripts aus dem Blick. Oder jemand verreißt den Text völlig, weil Idee und Genre nicht sein Fall sind. Nehmen Sie es sich nicht so zu Herzen und suchen Sie sich andere, hilfreichere Testleser. Es lohnt sich!*

Anhand des Feedbacks überarbeiten

Kein Testleser verkündet die endgültige Wahrheit über Ihr Manuskript. Was Sie bekommen, ist nur eine bestimmte Meinung, die einem bestimmten Geschmack entspringt. Sie müssen nicht sämtliche Verbesserungsvorschläge annehmen. Was Sie übernehmen und was nicht, ist Ihre Sache. Doch wenn Ihnen etwas einleuchtet und vielleicht sogar mehrere Testleser die gleiche Kritik äußern, dann sollten Sie die entsprechende Passage ändern.

Tipp: *Wenn Sie an manchen Stellen unsicher sind, könnten Sie mit Ihrem hilfreichsten Testleser darüber diskutieren, was Sie damit machen sollten. Das ist besser, als sich darüber alleine den Kopf zu zergrübeln und zu keinem Ergebnis zu kommen. Aber ändern Sie die Passage wirklich erst, wenn Kopf und Herz »Ja« sagen zu dieser Änderung.*

Wenn das Feedback meiner Testleser eintrudelt, dann sammele ich all die Eindrücke, Kritikpunkte, Lob und Verbesserungsvorschläge in der Hängemappe des jeweiligen Romans. Sind alle oder die meisten Rückmeldungen da, lese ich sie mir noch einmal komplett durch, so dass ich sie während der Überarbeitung präsent habe. Dann breite ich die gesammelten Mails und Notizen auf meinem Schreibtisch aus und markiere mit Leuchtstift wichtige Punkte, die ich einarbeiten will. Mehrere Manuskriptkopien liegen aufgeschlagen auf meinem Schreibtisch, und ich lese mir durch, was die verschiedenen Testleser im ersten Kapitel an den Rand geschrieben haben. Sobald ich die Korrekturen eingearbeitet habe, gehe ich zum nächsten Kapitel über, und so weiter. Auf diese Weise wachsen mir diese vielen Meinungen nicht über den Kopf. Wenn ich mit dieser Überarbeitung fertig bin, kann ich das Manuskript ruhigen Gewissens ans Lektorat weiterleiten.

Auch für Sie gilt: Ein von mehreren guten Testlesern gechecktes Manuskript können Sie bedenkenlos zu Agenten und Verlagen losschicken. Wenn noch ein paar Rechtschreibfehler drin sind, ist das nicht weiter schlimm – außer, Sie wollen in Eigenregie ein E-Book veröffentlichen, dann brauchen Sie noch einen Korrektor, also jemanden, der einen genauen Blick auf die Rechtschreibung wirft.

Bezahlte Hilfe

> »Lektoren sind wie Friseure: Wenn Sie einen guten gefunden haben, schätzen Sie sich glücklich und lassen Sie ihn nie wieder los. Noch besser: Geben Sie ihm Ihr Manuskript und fliegen Sie endlich in Urlaub.«
>
> *Peter Selgin*

Aber was ist, wenn Sie keine brauchbaren Testleser finden? Wenn Sie gerne eine neutrale, fachlich fundierte Meinung hätten und Sie noch kein Verlagslektor unterstützt? Wenn Sie sicher sein wollen, dass Ihr selbst herausgegebenes E-Book fehlerfrei ist? Dann könnten Sie sich einen professionellen Lektor oder Korrektor gönnen. Solche Dienstleistungen haben je nach Schwerpunkt verschiedene Bezeichnungen, zum Beispiel »Lektorat«, »Schreibcoaching« oder »Gutachten«, im Bereich Drehbuch heißen die Leute, die Ihnen weiterhelfen können, oft »Script Doctor«.

Ein guter freier Lektor oder eine Lektorin, die Ihren Text unter die Lupe nimmt und Ihnen etwas dazu sagt, kann Sie deutlich weiterbringen, wenn es darum geht, Ihren Roman besser zu machen.

Ein Coaching dagegen kann Ihnen helfen, wenn Sie bei einem Projekt feststecken und das Gefühl haben, ohne fremde Hilfe nicht mehr weiterzukommen. Mit dem Coach tauschen Sie sich persönlich, schriftlich oder telefonisch über den Text und Ihre Probleme damit aus.

Wenn Sie eine stilistische Überarbeitung buchen, können Sie sicher sein, dass Ihr Text korrekt und fehlerfrei ist.

Was kostet ein freier Lektor oder ein Coach?

Ein ausführliches **Gutachten** zu Stärken und Schwächen Ihres Texts (mit oder ohne Randbemerkungen in Ihrem Manuskript):	150 bis 400 Euro pro Manuskript, je nach Umfang Ihres Werkes. Kurzgeschichten oder Romananfänge sind günstiger (20 bis 40 Euro)
Stilistisches Lektorat und Rechtschreibkorrektur:	2 bis 7 Euro pro Seite (und zwar Normseite à 1800 Anschläge), je nachdem, in welchem Umfang der Text bearbeitet werden soll. Strotzt er vor Rechtschreibfehlern oder holprigen Sätzen, steigt der Aufwand, ihn zu korrigieren, und der Preis geht nach oben.
Ein **Coaching**, bei dem Sie sich beraten und helfen lassen:	50 bis 100 Euro die Stunde. Je bekannter und erfahrener der Coach, desto teurer.

Den richtigen Lektor, Coach oder Korrektor finden

Am besten ist natürlich, wenn Ihnen jemand eine Lektorin oder einen Schreibcoach empfehlen kann. Die zweitbeste Möglichkeit ist eine Suche im Internet: Wenn Sie in die Suchmaschine »freie Lektorin« oder »Lektorat« eingeben, finden Sie einige Websites, und in der Datenbank www.lektorat.de sind viele Profis gelistet. Manche Schreibpädagogen oder Lektorinnen inserieren auch in Fachzeitschriften wie der *Federwelt* oder *TextArt*.

Federwelt
Sandra Uschtrin
Taxisstr. 15
80637 München
E-Mail: redaktion@federwelt.de
www.federwelt.de
Abo: 36 Euro im Jahr inkl. Versandkosten

TextArt
Magazin für kreatives Schreiben
Oliver Buslau & Carsten Dürer
Gierather Mühlenweg 15
51469 Bergisch Gladbach
Tel. 02 21/ 680 69 85
E-Mail: Für Beiträge redaktion@textartmagazin.de oder für Bestellungen service@textartmagazin.de
www.textartmagazin.de
Abo: 17,60 Euro im Jahr inkl. Versandkosten

Wenn Sie auf der Website eines freien Lektors stöbern, merken Sie wahrscheinlich schon, ob er Ihnen zusagt und Sie mit diesem Dienstleister gerne zusammenarbeiten möchten. Beim ersten Kontakt per Mail, Post oder Telefon bekommen Sie ebenfalls ein Gefühl dafür, ob die »Chemie« zwischen Ihnen stimmt. Denn es ist natürlich auch Vertrauenssache, in welche Hände man sein Manuskript gibt.

Wichtig ist, dass der Lektor oder die Lektorin eine Beziehung zu der Art von Texten hat, die Sie schreiben – wenn jemand hauptsächlich wissenschaftliche Texte bearbeitet, ist ein Roman dort vielleicht an der falschen Adresse. Beim Romanschreiben gelten einfach andere Regeln. Umgekehrt ist ein Sachbuch-Manuskript bei jemandem, der Lyrik und schöngeistiger Literatur zuneigt, am falschen Platz.

Natürlich schaut sich auch die Lektorin an, mit wem sie es zu tun hat. Sie sollten also ein paar Informationen über sich, Ihren Hintergrund und Ihre Ziele schicken.

Zusammenarbeit mit einem freien Lektor oder Korrektor

Bei der ersten Kontaktaufnahme sollten Sie sich nett vorstellen, eine Textprobe einschicken und absprechen:

- Was genau soll der Gutachter, Lektor, Korrektor tun, also welchen Umfang soll die Leistung haben?
- Was für ein Coaching brauchen Sie?
- Was wird diese Leistung kosten?
- Welcher Termin wäre möglich?

Am besten klären Sie all das per Mail, dann haben Sie es gleich schriftlich. Ein Vertrag wird üblicherweise nicht geschlossen. Möglich ist bei stilistischen Überarbeitungen manchmal ein Probelektorat von zwei bis drei Seiten, besonders dann, wenn es ein umfangreiches Werk ist. Dann wissen beide Seiten, worauf sie sich einlassen.

Viel Erfolg, ich drücke Ihnen die Daumen, dass Sie zufrieden sind! Wenn nicht, dann können Sie höflich um Nachbesserung bitten.

Hilfestellung vom Verlagslektor oder Redakteur

> »Gute Autoren erahnen die Fragen des Lesers und beantworten sie. Lektoren und Redakteure müssen die Lücken in der Geschichte aufspüren, die durch unbeantwortete Schlüsselfragen entstanden sind.«
>
> *Roy Peter Clark*

Sobald Sie einen Verlag gefunden haben, ist ein Lektor oder eine Lektorin Ansprechpartner für die meisten Fragen, die Ihr Buchprojekt betreffen (nur um Marketing und Lesungen kümmert sich jemand anders). Lektoren sind die Projektmanager im Verlag – sie prüfen Exposés und mögliche Übersetzungen aus dem Ausland, verhandeln Verträge für neue Projekte, betreuen Hausautoren und lesen deren neue Manuskripte, bearbeiten den Text und kümmern sich darum, dass die korrigierte Textdatei rechtzeitig in die Herstellung geht. Sie organisieren die Cover-Gestaltung und schreiben den Klappentext, außerdem stellen sie »ihre« Projekte in Besprechungen und auf den Verlagsvertreter-Konferenzen vor. Ach ja, und hin und wieder werfen sie einen kurzen Blick in unverlangte Manuskripte.

Kurz, Lektorinnen und Lektoren haben jede Menge zu tun. Wenn Sie Ihr Manuskript schon selbst und mit Hilfe von Testlesern möglichst gut lektoriert haben, dann wird Ihr Lektor dankbar dafür sein – denn er betreut im Verlag durchschnittlich zwölf Buchprojekte pro Halbjahr, manchmal mehr, und hat selten die Zeit, aufwendige »Geburtshilfe« für ein neues Werk zu leisten. Oft wird die eigentliche Textarbeit an externe Redakteure und Lektoren ausgelagert, so dass Sie mit den Verlagslektoren hauptsächlich organisatorische Fragen besprechen.

So läuft die Arbeit am Manuskript ab:

- *Abgabe*: Sie schicken Ihre selbst lektorierte Fassung an den Verlag
- *Erster Lektoratsdurchgang*: Die Lektorin/der Lektor liest Ihr Manuskript und gibt Ihnen Hinweise, was Sie noch grundsätzlich an Figuren, Handlung, Aufbau, Dialogen etc. überarbeiten sollten.
- *Erste Überarbeitung*: Sie führen die Überarbeitung durch. Selbstverständlich dürfen Sie auch Änderungsvorschläge ablehnen! Es ist und bleibt ja Ihr Werk. Sind Sie sich mit der Lektorin/dem Lektor nicht einig, wird so lange diskutiert, bis eine Lösung gefunden ist.
- *Zweiter Lektoratsdurchgang*: Das überarbeitete Manuskript bekommt von der Lektorin/dem Lektor oder von einem externen Redakteur einen stilistischen Feinschliff. Jeder Satz wird durchgegangen.
- *Änderungsvorschläge einarbeiten*: Sie prüfen jede Änderung und arbeiten die ein, die Sie gut finden. Immer häufiger werden Manuskripte direkt in der Datei lektoriert; das ist sehr praktisch, weil Sie bei den Änderungen nur noch auf »Annehmen« oder »Ablehnen« klicken müssen. Manchmal stehen Fragen oder Kommentare am Rand, aus denen sich ebenfalls Änderungen ergeben.
- *Zum Setzer*: Nachdem die Lektorin/der Lektor noch einen letzten Blick auf die Datei geworfen hat, geht das Manuskript in den Satz. Das bedeutet, der Text wird in Form eines »Umbruchs« gestaltet und sieht nun so aus, wie er später im Buch erscheint. Jetzt wird von einem externen Korrektor noch einmal die Rechtschreibung überprüft. Und Sie können letzte Fehler aus dem Buch fischen, bevor es gedruckt wird.
- *Druck*: Ihr Text wird gedruckt oder erscheint als verlagseigenes E-Book. Ihre Lektorin schickt Ihnen ein Vorab-Exemplar mit ein paar warmen Worten, und Sie machen wahrscheinlich einen Sekt auf.

Dieser ganze Prozess kann in drei Monaten abgeschlossen sein, wenn der Verlag fix ist, manchmal zieht er sich aber auch über ein Jahr hin. Trotzdem passiert alles grundsätzlich auf den letzten Drücker, das ist eins von Murphys Gesetzen. Manchmal liegt das an uns Autoren, die nicht rechtzeitig fertig geworden sind, oft aber auch am Nadelöhr Lektorat, in dem pünktlich abgegebene Manuskripte monatelang liegenbleiben, bis plötzlich alles ganz schnell gehen muss. Sicher ist nur eins: Für jeden Schritt gibt es Termine, angefangen von der Abgabe bis hin zum Datum, zu dem das Manuskript in den Satz gehen soll. Schreiben Sie sich diese Termine am besten rot in den Kalender, denn sie einzuhalten, ist Ehrensache.

Achtung: *Wenn Sie merken, dass Sie den Abgabetermin nicht einhalten können, dann sagen Sie dem Lektorat frühzeitig Bescheid, damit es dort kein böses Erwachen im letzten Moment gibt!*

Gute und schlechte Lektoren

Man kann sich den Lektor oder die Lektorin im Verlag nicht aussuchen; jemand wird einem zugewiesen. Meine bisherigen Erfahrungen bei den verschiedenen Verlagen, für die ich schon geschrieben habe, waren sehr gemischt. Einige Tiefpunkte: Eine unerfahrene Lektorin bastelte mir zusätzliche Füllwörter in den Text, statt meine rauszuwerfen. Eine andere Lektorin, die zu diesem Zeitpunkt kurz vor der Rente stand, ließ unzählige Fehler im Manuskript. Eine andere war so schlecht erreichbar, dass es mir kaum gelang, von ihr Feedback zu meinem Manuskript zu bekommen.

Zum Glück habe ich auch schon viele gute oder sehr gute Lektorinnen und Lektoren erlebt. Menschen mit einem Gespür für Geschichten und Sprache, die wertvolle Anregungen gaben. Die mit sicherem Blick Schwachpunkte im Manuskript fanden, die ich und meine Testleser übersehen hatten. Sehr genaue, engagierte Menschen, die alles taten, damit aus dem Manuskript ein richtig gutes Buch wurde. Die Kollegen und Verlagsvertreter mit ihrer Begeisterung mitrissen. Mit denen man auch mal gemeinsam neue Ideen entwickeln konnte.

Leider gibt es keine Garantie, dass Sie auf Dauer mit Ihrem Lektor zusammenarbeiten dürfen, denn alle paar Jahre muss man sich auf neue Ansprechpartner einstellen, weil die bisherigen den Verlag wechseln, in Elternzeit gehen oder kündigen, um in Zukunft etwas anderes zu machen. Manche Autoren folgen ihrem Lektor sogar zu dessen neuem Verlag, weil sie wissen, dass ein toller Lektor aus einem guten Buch ein herausragendes machen kann.

Wichtig: Strenge Lektoren sind gute Lektoren! Ebenso wie harte Trainer im Sport sind sie zwar furchtbar anstrengend, motivieren Autoren aber zu Höchstleistungen.

Wenn Sie einen weniger guten Lektor erwischt haben – einen, der Ihren Text womöglich verschlimmbessert oder nichts an Ihrem Manuskript macht, obwohl es sinnvoll wäre – dann lässt sich daran leider nur begrenzt etwas ändern. Liegt es am Zeitmangel, können Sie versuchen, die Betreuung zunächst sanft, aber hartnäckig einzufordern und dem Lektor ähnlich wie einem Testleser gezielte Fragen zu stellen. Schlägt Ihnen jedoch Gleichgültigkeit entgegen oder hat der Lektor wenig Sprachgefühl, dann müssen Sie sich so gut es geht mit Selbstlektorat und Ihren Testlesern behelfen. Falls es Sie beruhigt: Wenn Sie dieses Buch durchgearbeitet und meine Anregungen umgesetzt haben, wird Ihr Text bereits in einem guten Zustand sein, wenn Sie ihn einreichen.

Gibt es massive Probleme mit der Lektorin, können Sie es mit einer persönlichen Aussprache versuchen. Wird es danach nicht besser, bleibt Ihnen noch die Möglichkeit, der Programmleitung das Problem zu schildern und darum zu bitten, dass man Ihnen eine andere Lektorin zuweist.

Korrektur des Umbruchs – letzte Fehler finden

Wenn das Manuskript in Satz gegangen ist, bekommen Sie vom Verlag den »Umbruch« (früher *Druckfahnen*). Jetzt sieht der Text schon so aus, wie er später im Buch erscheinen wird, also in einzelne Seiten aufgeteilt. Damit die Übergänge zwischen den Seiten schön aussehen und zum Beispiel nicht am Seitenende eine einzelne Zeile des nächsten Absatzes hängt, sollen Sie hier und da kürzen. Auf welcher Seite, das markiert Ihnen der Setzer. Sie werden überrascht sein, wie viel man auf einer ohnehin schon dichten, durchkomponierten Seite noch rausstreichen kann, ohne dass es den Sinn verzerrt.

Kleine Änderungen sind jetzt noch möglich, doch Sie dürfen nichts machen, was den gesetzten Text verschiebt – wenn Sie einen Satz einfügen, müssen Sie einen anderen kürzen.

Für die ganze Korrektur haben Sie etwa ein bis zwei Wochen Zeit.

Einen Umbruch kann man nicht einfach so korrigieren, wie man möchte, sondern man muss die Korrekturzeichen des Duden verwenden, damit der Setzer genau weiß, welche Änderungen er ausführen soll. Dann gibt es keine Missverständnisse. Die wichtigsten Zeichen finden Sie auf den folgenden Seiten 148/149.

Doch was ist, wenn Ihr Buch im Selbstverlag oder als E-Book erscheint? Auch dann sollten Sie eine Art »Fahnenkorrektur« durchführen, sich den letzten Stand des Manuskripts ausdrucken und noch einmal richtig streng durchsehen. Achten Sie nicht nur auf Tippfehler, Wortwiederholungen und unschöne Sätze, sondern auch auf hässliche Trennungen oder auf Löcher durch zu stark gestreckte Blocksatz-Zeilen. Wenn Sie nicht firm in Rechtschreibung sind, lohnt es sich einen professionellen Korrektor zu beauftragen.

Die wichtigsten Korrekturzeichen
(Nach DIN 16 511)

Immer wieder werden Sie als Autor oder Autorin Texte auf Papier korrigieren müssen. Dafür ist es wichtig, dass Sie die Korrekturzeichen kennen.
Allgemeine Tipps:

- Korrekturen werden immer im Text vorgenommen und auf gleicher Höhe am Rand wiederholt, damit der Setzer sie sofort sieht.
- Am besten, Sie verwenden einen blauen Kuli oder sonstigen farbigen Stift – bloß keinen Bleistift, sonst werden manche Korrekturen übersehen!
- Wichtig ist, dass Sie immer ganz klar korrigieren, was Sie geändert haben wollen. Mit einer vagen Wellenlinie, einem Ausrufungszeichen am Rand o.ä. können Lektorin und Setzer nichts anfangen.

Falsche Buchstaben werden im Text markiert und am Rand durch die richtigen ersetzt — a

Bei **mehreren Korrekturen** in unmielbarer Nähe müssen die Zeichen unterschietlich aussehen, zum Baspiel so. Damit können Sie auch einzene Buchstaben einfügen. — tt d ei el

Streichungen können Sie mit dem Deleatur-Zeichenn vornehmen. Es bedeutet einfach „Dies hier löschen", auch ganze Wörter Wörter können Sie damit entfernen lassen.

Wenn Sie ein **Wort einfügen** wollen, das so aus — sieht

Falsche Trennungen sind nicht schön, deshalb sollte man sie aus dem Umbruch herauskorrigieren — ha

Andere Schriften: Wenn Sie etwas kursiv oder fett setzen lassen wollen, markieren Sie das so. Dann sieht es nach der Korrektur auch *kursiv* und **fett** aus. — kursiv fett

Worte zusammenfügen ist kein Kunst stück

Worte zu trennen gehtso

Wenn die **Wörter in der falschen Reihenfolge** stehen, dann bringen Sie das in Ordnung so wieder. 1 – 4

Wollen Sie einen **Satz oder Absatz anhängen**, dann hilft Ihnen diese geschwungene Linie.
Dann weiß der Setzer, dass diese Teile verbunden werden sollen.

Damit Ihr Text nicht wie eine Bleiwüste aussieht, sollten Sie hin und wieder **Absätze einfügen.** Damit kennzeichnen Sie Sinnschritte und das Schriftbild lockert sich auf.

Falsche Zwischenräume: Diese Worte stehen zu weit auseinander, dieseWorte dagegen zu eng nebeneinander.

Sowas passiert manchmal auch mehrmals, dann wiederholt man die Zwischenraum-Zeichen.

Fehlt ein Einzug am Anfang der Zeile, dann markieren Sie das so.

Soll der Einzug dagegen wegfallen, benutzen Sie dieses Zeichen.

Haben Sie mal etwas aus Versehen falsch korrigiert, kein ~~Problem~~ Einfach ein paar Pünktchen unter die falsche Korrektur und am Rand durchstreichen.

Wenn ein falsch geschriebenes Wort sich wiederholt oder Sie irgend etwas durchgehend austauschen wollen, zum Beispiel einen bestimmten Namen, dann schreiben Sie auf die erste Seite des Umbruchs eine „Generalanweisung" an den Setzer: „Bitte im ganzen Manuskript XXX gegen XXY austauschen."

Üben Sie diese Korrekturzeichen am besten an ein paar unkorrigierten Seiten Ihrer (oder noch besser fremder) Texte. Schon bald werden Ihnen die Zeichen in Fleisch und Blut übergegangen sein und Sie können sich beim Korrigieren auf das konzentrieren, was Sie eigentlich lesen.

Checkliste Schritt 3

Überarbeiten nach Feedback Thema/Frage	**Projekt:**	**Projekt:**	**Projekt:**
Text ruhen gelassen und danach kritisch angeschaut?			
Wichtige Textteile vorgelesen (sich selbst oder Zuhörern)?			
Testleser das Manuskript gegeben?			
Testleser genau befragt?			
Fachliche Testleser drüberschauen lassen (wenn vom Thema her nötig)?			
Wichtigste Anregungen eingebaut?			
Alle Testleser und Helfer in der Danksagung erwähnt?			
Bei bezahlter Hilfe			
Eckdaten (Wünsche, Preis, Termin) geklärt und schriftlich bestätigt?			
Änderungsvorschläge eingearbeitet?			
Verlags-Lektorat			
Termine im Blick?			
Fragen ans Lektorat gestellt?			
Wünsche des Lektorats eingearbeitet?			
Meinungsverschiedenheiten diskutiert?			
Lektor/Lektorin in die Danksagung aufgenommen?			

Und jetzt? Jetzt haben Sie es geschafft. Dutzende Male haben Sie Ihr Manuskript gelesen und durchgeackert. Jetzt können Sie endlich mit gutem Gewissen »Fertig!« sagen und darauf warten, dass die Kiste mit den Belegexemplaren oder der Link zu Ihrem fertigen E-Book eintrifft. Herzlichen Glückwunsch, dass Sie durchgehalten haben!

Danksagung

Danken möchte ich vor allem Rita Steininger, die das Manuskript kritisch und wunderbar konstruktiv testgelesen hat. Aber auch meiner Praktikantin Caroline de Boor, die ein Beispiel zur Verfügung gestellt hat, und allen anderen Autoren, die Überarbeitungs-Beispiele und -Anekdoten beigesteuert haben: Isabel Abedi, Thomas Endl, Andreas Gruber, Cee Neudert und Gabi Neumayer.

Danke auch an meinen Verleger Manfred Plinke für die Idee zu diesem Ratgeber – sie hat mir sofort eingeleuchtet!

Verlagsanzeigen

Bitte besuchen Sie Autorenhaus.de

»Prädikat: Unentbehrlich für jeden Autor«
Süddeutsche Zeitung

Sylvia Englert
AUTOREN-HANDBUCH
Erfolgreiche Verlagssuche · Der Weg zum Buch mit Selfpublishing · Autoren-Karriere durch Selfmarketing
8. überarbeitete und erweiterte Auflage
496 Seiten · Hardcover
ISBN 978-3-86671-134-1

»Der bewährte, ja geradezu unentbehrliche Ratgeber wurde komplett überarbeitet und durchgängig aktualisiert.«,
Informationsdienst für Bibliotheken

Fachbücher für Autoren und Autorinnen

Bitte besuchen Sie Autorenhaus.de

Mit vielen nützlichen Praxis-Informationen, die sonst nirgendwo anders zu finden sind.

Sylvia Englert

Handbuch für Kinder- und Jugendbuchautoren

Bilderbuch, Kinderbuch, Jugendroman, Sachbuch – schreiben, illustrieren und veröffentlichen

272 Seiten · Hardcover

ISBN 978-3-86671-104-4

Fachbücher für Autoren und Autorinnen

Bitte besuchen Sie Autorenhaus.de

LARRY BEINHART

CRIME – Kriminalromane und Thriller schreiben

Deutsch von Kerstin Winter

232 Seiten · Deutsche Erstausgabe

ISBN 978-3-932909-50-4

»Das Krimigenre ist ein großes Hotel mit jeder Menge freier Zimmer, die so gut wie jeder buchen kann. Schreiben Sie Ihr Werk so, wie Sie es selbst gerne lesen würden«, empfiehlt Bestsellerautor und Gold-Dagger-Preisträger Larry Beinhart und zeigt Schritt für Schritt, wie mitreißende Kriminalromane und Thriller entstehen.

»Wie Kriminalromane und Thriller geschrieben werden, erläutert Beinhart auf spannende wie auch lehrreiche Weise.«
(Das Magazin)

Ronald. B. Tobias

20 Masterplots

Die Basis des Story-Building in Roman und Film

Deutsch von Petra Schreyer

320 Seiten, Hardcover

ISBN 978-3-86671-131-0

»Das legendäre Handbuch für Roman- und Drehbuchautoren«

»Anhand einfacher Geschichten erläutert er in 20 Masterplots die beständige Gültigkeit der aristotelischen Definition … In der Folge beschreibt der Autor zwanzig bewährte Muster.« (DIE ZEIT)

Fachbücher für Autoren und Autorinnen

Bitte besuchen Sie Autorenhaus.de

Bonni Goldberg
Raum zum Schreiben
Creative Writing in
200 genialen Lektionen
Deutsch von Kerstin Winter
220 Seiten · Deutsche Erstausgabe
ISBN 978-3-86671-106-8

»Goldbergs kluge Anregungen führen Autoren hin zu einer Professionalisierung ... Nicht nur für Schriftsteller geeignet, sondern auch für erfahrene Verfasser von Gebrauchstexten.«
Chrismon Magazin

Anna Basener
Heftromane schreiben und veröffentlichen
Hardcover
186 Seiten
ISBN 978-3-86671-074-0

»Das Buch geht sehr realitisch und reflektiert mit dem Genre um und enthält eine Fülle praktischer Ratschläge.«
Süddeutsche Zeitung

»Eine praktische Anleitung für zukünftige Heftroman-Autoren.«
Stuttgarter Nachrichten

Fachbücher für Autoren und Autorinnen

Bitte besuchen Sie Autorenhaus.de

Natalie Goldberg
Schreiben in Cafés
Deutsch von Kerstin Winter
200 Seiten · Hardcover
ISBN 978-3-86671-060-3

»Schreiben in Cafés ist ein ganz wunderbares Buch über das Schreiben, das hoch motiviert, immer den Stift in der Hand zu halten und zu schreiben, egal ob man Laie, Autodidakt oder professioneller Schriftsteller ist.«
Radio Berlin Brandenburg

Natalie Goldberg ist Schriftstellerin, Dichterin und Dozentin. Sie lehrt an Universitäten und in Schreibwerkstätten ihre Methoden des kreativen Schreibens, die sie in diesem Buch zusammengefasst hat. Von der Originalausgabe wurden mehr als eine Million Exemplare verkauft, das Buch wurde in neun Sprachen übersetzt.

Ray Bradbury
Zen in der Kunst des Schreibens
Kreativtechniken eines Schriftstellers von Weltrang
Deutsch von Kerstin Winter
184 Seiten · 3. Auflage · Hardcover
ISBN 978-3-86671-135-8

Ray Bradbury, einer der großen Schriftsteller des 20. Jahrhunderts, verrät Erfolgstechniken für das Schreiben von Kurzgeschichten, Romanen, Stücken und Drehbüchern. Seine Rezepte sind hinreißend, spontan und ermutigend.

»Sehr interessante Tipps … eine gute Inspirationsquelle.«
(Buchkultur)

Fachbücher für Autoren und Autorinnen